图解游泳基础
技术与训练

视频学习版

人邮体育 主编
山东省游泳队教练
原国家游泳队教练 | 何海滨 编

人民邮电出版社
北京

图书在版编目（CIP）数据

图解游泳基础技术与训练：视频学习版 / 人邮体育
主编；何海滨编. -- 北京：人民邮电出版社，2023.3（2024.4重印）
ISBN 978-7-115-59019-0

Ⅰ．①图… Ⅱ．①人… ②何… Ⅲ．①游泳－图解
Ⅳ．①G861.1-64

中国版本图书馆CIP数据核字（2022）第050939号

免责声明

作者和出版商都已尽可能确保本书技术上的准确性以及合理性，并特别声明，不会承担由于使用本出版物中的材料而遭受的任何损伤所直接或间接产生的与个人或团体相关的一切责任、损失或风险。

内 容 提 要

本书由国家队游泳教练何海滨编写，是其多年训练及执教经验的总结之作，适合游泳教练、体育老师以及游泳爱好者阅读。本书首先讲解了游泳安全注意事项、游泳的起源与发展以及推进力、能量消耗等基础知识，然后介绍了熟悉水性练习，并重点讲解了蛙泳、自由泳、仰泳、蝶泳四种泳姿的游泳技术及其强化训练方法，还针对损伤预防提供了相关指导。全书内容系统、技术讲解详细，不仅采用了图文解读的方式展示内容，还提供了部分技术的展示视频，扫描书中的二维码即可观看，可为读者学习游泳或指导游泳教学提供有效参考。

◆ 主　　编　人邮体育
　　编　　　何海滨
　　责任编辑　林振英
　　责任印制　马振武

◆ 人民邮电出版社出版发行　　北京市丰台区成寿寺路 11 号
　　邮编　100164　电子邮件　315@ptpress.com.cn
　　网址　https://www.ptpress.com.cn
　　北京七彩京通数码快印有限公司印刷

◆ 开本：700×1000　1/16
　　印张：12.25　　　　　　　　　2023 年 3 月第 1 版
　　字数：356 千字　　　　　　　2024 年 4 月北京第 3 次印刷

定价：68.00 元

读者服务热线：(010)81055296　印装质量热线：(010)81055316
反盗版热线：(010)81055315
广告经营许可证：京东市监广登字 20170147 号

前言

游泳作为奥运会的热门项目，参赛国家和地区达到一百多个，运动员达千余人，是仅次于田径的金牌大项，在我国的奥运争金计划中也有着举足轻重的地位。无论在竞技体育领域，还是健身、休闲娱乐方面，游泳运动都占具重要地位。《全民健身计划纲要》的实施以及国家对全民健身的愈加重视，使得游泳在健身和休闲体育方面的作用逐年提升。

我曾是山东省游泳队队员，在转做教练后，先后在青岛市体育运动学校培养输送出王群、邓健、王亚雄、张丰林、谢家乐等优秀运动员；在国家游泳队王爱民教练组带过奥运会冠军杨浚瑄；后兼任国家队后勤干事，带队参加过世锦赛、青奥会、亚运会等重大赛事。在国家队执教期间，经常与多位功勋教练一起交流游泳基础技术与训练安排。如今，把多年竞技游泳执教的经验总结成书，并以图文并茂的形式呈现给大家，希望能够帮助更多的人快速学会游泳，通过练习不断提高技术水平。

本书分为以下几部分：第 1 章主要介绍基本知识，涵盖了游泳的安全注意事项、起源与发展，以及游泳时的推进力、能量消耗、体能训练的重要性等内容。第 2 章主要通过体验水感、浮漂、滑行、恢复站立，以及憋气等练习达到熟悉水性的目的。第 3 章主要通过蛙泳、自由泳、仰泳、蝶泳四种技术的分解练习，帮助大家进一步掌握和巩固游泳技术。第 4 章主要学习出发技术、转身技术、终点技术，以及一些在游泳过程中可能会用到的特殊技术，例如游泳过程中小腿抽筋的解决办法等。第 5 章介绍热身与恢复。第 6 章介绍游泳运动的常见损伤预防与康复。本书重点讲解了游泳技术学习与教学方面的内容，同时也提炼了一些训练与科研等方面前沿知识，希望能够为游泳相关的从业人员提供一定的帮助。

目录

第3章 泳姿实战

第4章 其他必要技术

第5章　热身与恢复

第6章 损伤预防与康复

扫描右方二维码添加企业微信。

1. 首次添加企业微信，即刻领取免费电子资源。

2. 加入体育爱好者交流群。

3. 不定期获取更多图书、课程、讲座等知识服务产品信息，以

及参与直播互动、在线答疑和与专业导师直接对话的机会。

第1章
基本知识

　　游泳是受大家喜欢且普及范围较广的体育运动，也是人们常进行的有氧运动之一。学习游泳，可以在提高身体健康水平的同时塑造美好的形体。本章主要介绍了游泳的安全注意事项、起源与发展以及一些简单的游泳知识，帮助大家正确认识、安全开展游泳运动。

安全注意事项

学习游泳的第一课肯定是要强调安全。除下面强调的几点外，大家在进行游泳时，一定要时刻关注自身的身体状况和周围的游泳环境，却保安全开展游泳运动。

▶ 区分深水区与浅水区

标准的泳池会分别设置深水区与浅水区，深水区适合游泳技能水平比较高的人，浅水区适合游泳初学者与小朋友。

▶ 运动要适量

游泳技术的进步是循序渐进的过程。游泳运动量不能过大，也不建议太小，运动量要合适。不要急于求成而使运动量超出自己的负荷，否则容易造成运动损伤。

▶ 池边不打闹

泳池的周边地面较为湿滑，打闹行为会增加跌倒和滑入泳池的风险，因此要做到池边不打闹。

▶ 预防抽筋

在游泳中出现抽筋是很危险的，很容易造成溺水。因此在游泳前，要做好充分的热身，激活肌肉，并且在进入泳池前，先用冷水冲洗身体，使身体尽快适应泳池的水温。

▶ 酒后不游泳

酒精会影响神经系统发挥作用，降低人的反应能力和判断能力，使大脑不能正常地指引身体动作，包括游泳动作。因此在饮酒后，尤其是过量饮酒后，不要游泳，否则容易发生溺水事故。

❖ 小提示

剧烈运动后不宜立刻入水，因为这时毛孔处在张开的状态，立刻下水容易造成抽筋、引发感冒等。

起源与发展

　　游泳从最初的求生技能演变为大众喜欢的体育运动，具体都经历了哪些阶段与标志性的事件呢？这一节我们来了解一下游泳运动的起源与发展，以更加深刻地认识这项运动。

▶ 游泳运动的历史

　　在水边生活的人们，无论是捕猎，还是从水中求生，都需要掌握游泳技术，从远古以来就是这样。随着历史的发展，游泳逐渐演变为一项受众人关注的竞技体育项目，并深受大众喜爱。

➤ 远古时代，在地球上接近水域的地区，人们出于生存需要，会从水中猎取食物，如鱼类等。他们通过模仿青蛙、鱼等的姿态，学会了游泳。

➤ 17 世纪，在英国，游泳成为人们喜爱的活动，很多地方都在开展游泳活动。

➤ 到了 18 世纪，游泳运动传到英国，并向欧洲其他地方扩散。

➤ 19 世纪初，室内泳池出现在英国利物浦，随后这种泳池迅速风靡英国。

➤ 1837 年，英国设立了英国首个游泳组织，且举行了英国最早的游泳比赛。

➤ 1869 年，游泳运动出现了跨时代的改变，不但在伦敦有了专门的游泳俱乐部联合会，而且游泳成了一个正式的运动项目，开始风靡世界。

➤ 1896 年举行首届现代奥运会时，比赛项目中就加入了游泳。此时的比赛没有游泳姿势的区分，只有对距离的区分，设置了 3 个项目，分别是 100 米、500 米和 1200 米。

➤ 1900 年举行的第 2 届奥运会中，出现了仰泳比赛项目。

➤ 1904 年举行的第 3 届奥运会中，出现了蛙泳比赛项目。

➤ 1908 年，在欧洲多个国家的游泳协会的倡议下，国际游泳联合会成立。

➤ 1912 年举行的第 5 届奥运会中，女子游泳被列为游泳比赛项目。

➤ 1951 年，亚洲举行了首届亚运会，游泳作为正式的比赛项目被加入其中。

➤ 1956 年，在第 16 届奥运会上，蝶泳比赛项目的加入，使游泳比赛的泳姿被定型为 4 种。

游泳时的推进力

1.2 游泳小科学

在水中向前游动时，是身体在立体的空间里做三维曲线运动，而不是直线运动。这个行进过程中，流动的水会对身体产生升力推进力，也会对身体产生阻力推进力。

▶ 升力推进力

升力推进力，是利用升力的原理，让身体在水中向前的推进力。游泳时，手掌和水流方向会形成一定的夹角，称为攻角。当攻角的角度合适时，水流经过掌心面与掌背面的速度是不同的，所以掌心、掌背受到的压强也不一样，且掌心受到的压强高，压强会向掌背传递，此时产生升力，也就是升力推进力。

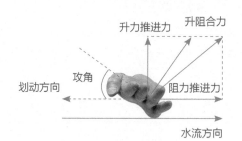

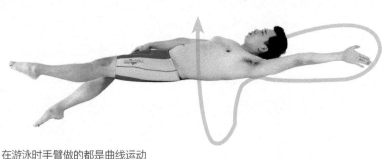

在游泳时手臂做的都是曲线运动

▶ 阻力推进力

根据牛顿第三定律对作用力与反作用力的定义，手臂和腿部在水中向后划水或蹬水时，会有向后的力施加在水上，而水也会对身体施加向前的作用力，这是以水的阻力来获取向前的推进力。而且水流对掌心的压强大于对掌背的压强，会在掌背形成负压涡流区，形成的阻力会推动身体向前。

划船时桨叶对水的作用就是典型的阻力推进力作用

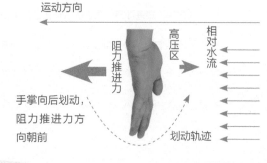

运动方向

阻力推进力

高压区

相对水流

手掌向后划动，阻力推进力方向朝前

划动轨迹

▶ 手的划水路径

　　手的划水路径，也就是一个划臂周期中，手在水中的划动轨迹，例如自由泳中手的划水路径为 S 形。它可以以身体为参照物，也可以以水为参照物。手的划水路径角度合适，会很好地推动身体前进。这里以自由泳中手的划水路径为例，来具体讲解。

以水为参照物，手的划水
路径角度为 25 度

以身体为参照物，手的划
水路径角度为 12.5 度

▶ 相对运动

　　水会阻挡手往后划动，因而，与手相对于身体相比，手相对于水划动得更慢。下图中，橙线表示的是手相对于水的划水路径，蓝线表示的是手相对于身体的划水路径。与手相对于水往后移动的距离相比，手相对于身体往后移动的距离约为前者的两倍。

手相对于身体的划水
路径

手相对于水的划水路径

合理控制身体起伏

在蛙泳和蝶泳中，游泳者会出现明显的身体向前、向上的运动，比如蛙泳中换气和划水时，能明显看到头部、肩部的起伏。这种起伏对游进速度有作用吗？会增加前进的推进力吗？

▶ 避免身体过度起伏

对于蛙泳和蝶泳，存在着一种错误认知，即过度强调身体起伏，认为身体的起伏可以推动身体加速前进。适当的起伏是有必要的，但起伏的幅度太大时，躯干抬起得过高，会形成更大的抗阻面，双肩上划的角度更大，从而减小了向前的推进力，即从总体上增大了阻力，而不是增大了推进力。

因此如果想游得快，要保持适当的起伏，而不是过度起伏。具体可注意这几点：将专注力放在向前游动的过程上；换气时可通过伸展颈部换气来代替抬头换气；避免刻意提肩或抬高髋部。这样会让身体保持较小幅度的起伏，不但能减小阻力，还可以在手臂划水时保持身体稳定。

颈部与肩部姿势

蛙泳换气时，尽量将颈部伸长，头部露出水面吸气，而不是直立身体进行换气。

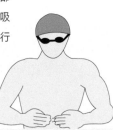

如果蛙泳换气时，头部抬起过高，手臂会随之向上，这样会给手臂前移复位带来不必要的阻力。

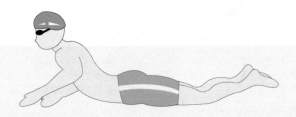

▶ 入水后的身体姿势

　　身体入水后的姿势会在很大程度上影响游进的速度，尤其是蝶泳。采用蝶泳泳姿时，入水后，身体会上下摆动，但腰部要保持相对的稳定，上下摆动的幅度不能太大，否则不但会带来更大的阻力，而且难以让双臂和双腿的摆动保持稳定，从而影响游泳进程。

✦ 小提示

　　蝶泳中，手臂的入水点在双肩向前的延长线上。手臂入水时稍稍弯曲，且肘部在小臂上方。如果双手的入水点的直线距离过宽，会减小推进力从而缩短划水路径。

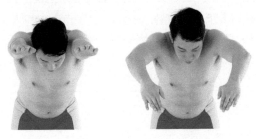

如果不伸展颈部，而是抬高上身让头部出水换气，躯干与水面形成的角度更大，会带来更大的阻力。

蝶泳换气时，除了头、肩的提升外，也要伸展颈部，使头部抬高离开水面。

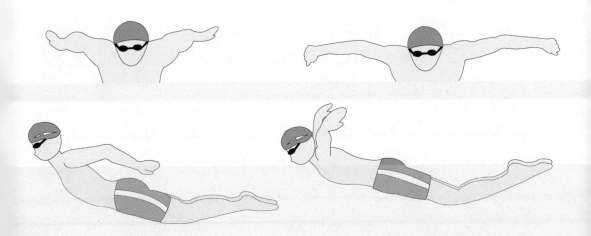

游泳时的能量消耗

游泳时要兼用上肢、下肢和躯干的力量，因此游泳是一项全身性的运动。比起很多倾向于局部锻炼的运动，游泳能消耗更多的能量。

▶ 各种泳姿的能量消耗

游泳速度不同，消耗的能量也不同。总体来说，游进的速度越快，能量消耗越高，因为水会对身体产生阻力，而且阻力会随速度的提高而增大。

在保持相同的游进节奏下，各种泳姿所消耗的能量是不同的，仰泳、自由泳比较省力，而蛙泳、蝶泳则比较费力。按能量消耗程度从低到高排列泳姿，依次为：自由泳、仰泳、蝶泳、蛙泳。对于业余的游泳爱好者来说，游进同样的距离，他们可能会感觉到自由泳比蛙泳更吃力。这是因为采用自由泳的泳姿游进时，速度会更快，所以会觉得更吃力。如果按照同样的节奏、同样的速度，采用蛙泳的泳姿显然更吃力。

▶ 各种泳姿的能量消耗

游泳所消耗的能量受体重、游泳姿势、游泳速度、游泳强度、吸入的氧气量及运动时间等多种因素的影响，可参考以下数据。

项目＼游速	消耗 70 毫升氧气时 /（米 / 秒）	消耗 50 毫升氧气时 /（米 / 秒）
蛙泳	1.225	1.025
蝶泳	1.3404	1.125
仰泳	1.420	1.225
自由泳	1.575	1.344

▶ 阻力与能量消耗

游泳中，不同的泳姿所带来的阻力是不同的。一般来说，采用速度变化小、身体更加稳定的泳姿，能量消耗少；而采用身体姿势变化大、反复进行加速与减速的泳姿，则会带来更多的阻力，能量消耗大。

蛙泳	蝶泳	仰泳	自由泳
每完成一次动作，需要抬头换气，是受阻力最大的泳姿。	动力大，但动作不均匀，因此会造成较大的阻力。	转身时两腿在空中摆动，可很好地减小在水中受到的阻力。	采用转头换气的方式，把运动带来的阻力减到最小。

  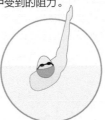 

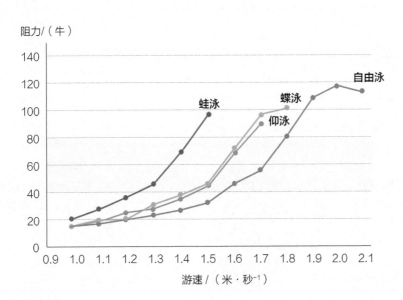

▶ 阻力比较

通过上面的统计图，我们得知：相对于其他泳姿，游泳者使用自由泳时带来的阻力最小。因为自由泳的游速变化小，力学冲量变化小；而蛙泳、蝶泳的游速变化大、跨度广，带来的阻力也相对会更大。

体能训练

对于各种运动来说，技术是必须掌握的，而体能是技术的有力支撑，游泳运动也是如此。优秀的体能水平，为掌握游泳技术提供了良好的基础，使动作完成得更好，游进的速度也更快。

▶ 游泳需要优秀的体能

和游泳运动相关的素质，主要有力量、爆发力、耐力、协调性及柔韧性等。如果想提升游泳技术与运动成绩，需要相应提升这些素质，因为它们从不同的角度共同影响运动技能的提升。

知识点

体能

我们通常所说的体能，主要是指身体素质，是身体在力量、耐力、速度、灵敏性、柔韧性等方面所展现出的能力水平。

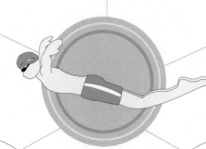

爆发力

在游泳的一些动作中，如出发、划臂、转身，以及最后的冲刺，爆发力都至关重要。

耐力

在中长距离的游泳项目中，需要良好的耐力才能维持动作的质量，并完成整个游程。

力量

力量是游泳运动中基础的身体素质之一，可以控制各种游泳动作的执行。

柔韧性

良好的四肢柔韧性，使双臂划臂范围更大、双腿打水更灵活，有助于增加游泳的推进力。

协调性

协调的四肢与躯干动作，使泳姿更科学，游进速度更快。

第 2 章
熟悉水性

熟悉水性指的是用身体在水中感受水的浮力、阻力和压力等特性，通过各种熟悉水性的练习，在心理上不再怕水，并逐渐适应水的环境。初学者了解一些基本的游泳动作，可为以后熟练掌握各种游泳技术打下基础。

岸边踢水

2.1 体验水感

岸边踢水是指初学者在岸边用双脚上下打水。这个动作不但可以使初学者更加熟悉水性，还能让初学者通过动作初步掌握打水的要领。

扫码看视频

身体坐于池边，双手在池边撑地支撑身体，双腿向前伸直，脚背绷直，腹部肌肉保持收紧。

右腿大腿发力带动小腿和脚向上方移动，进行上打水；同时左腿大腿带动小腿和脚进行下打水。

当整个右腿基本平行于水平面时，右腿停止摆动，转入下打水；同时左腿向上方打水。双腿继续上下交替打水。

右腿上打水，左腿下打水

右腿下打水，左腿上打水

小提示

此动作适合初学者进行练习，坐于池边打水的动作持续30秒~1分钟。初步打水的训练注重熟悉水性和放松，不苛求技术动作。

扶住栏杆入水

扫码看视频

初次入水时，自身的安全是重中之重。在下水的时候要背对泳池，双手扶住入水阶梯的栏杆，一步一步稳稳地往下进到水中。

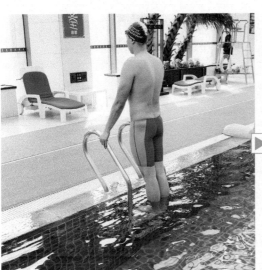

双手握住栏杆，背对泳池，站于池边最上级的台阶上，目视前方。

左脚向下移动至第二级台阶上。

右脚向下移动至第三级台阶上。

双脚轮流向下移动至泳池池底，保持身体平稳。

半陆半水打水

半陆半水打水可以让初学者在没有视觉帮助的情况下，感受双腿运用肌肉力量在水中进行打水的感觉。

扫码看视频

身体于池边呈俯卧姿势，双臂向前伸直，肩部放松，尽量使身体平卧，髋部与池边持平。右腿大腿发力带动小腿和脚向上方移动，进行上打水；同时左腿向下方打水。

大腿带动小腿和脚打水

当整个右腿基本平行于水面时，右腿停止摆动，转入下打水；同时左腿向上方打水。保持身体稳定，双腿在水中继续上下交替打水。

◆◆ 小提示

练习过程中，注意髋部的位置要与池边持平，如果位置不准确，就容易出现屈髋的错误动作。在打水时要注意大腿的发力，不要出现大腿不动而小腿和脚自行打水的情况。

浮板水性练习

扫码看视频

　　浮板水性练习是通过运用水对浮板的浮力，帮助游泳者更好地体会水的特性。此练习还可以锻炼腹部肌肉。练习时，注意保持身体平稳，体会在水中漂浮的感觉。

双手在胸腹部抱住浮板，身体逐渐下降至肩膀没入水中，双腿屈膝，双脚离开池底，大腿尽量上抬靠近浮板，使身体在水中自然浮起。

知识点

脚部动作

在水中抱着浮板做浮板水性练习时，双脚向下伸展，有助于保持身体平衡，且在双脚触及池底时，能及时接触池底并站稳。

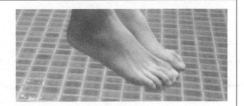

15

大字形俯卧漂浮

2.2 漂浮

人在陆地上是以站立的姿态行走的，而在水中游进时身体的姿态是平卧的。大字形俯卧漂浮用于初步练习漂浮技能，让游泳者体会在没有辅助工具和固定支撑的情况下在水中漂浮的感觉。

扫码看视频

身体站于泳池中，双手抱膝，然后平稳地浮于水面。接着双臂向两侧伸直打开，与肩平行。双腿向后伸直，向两侧打开。目视下方，保持放松，呈大字形俯卧漂浮于水面。

小提示

想要学会漂浮就要掌握漂浮的原理，多吸气就能够让肺部犹如游泳圈一样，帮助身体漂浮。在刚开始练习时，如果在漂浮过程中出现身体下沉的情况，要憋住气，身体短暂下沉后还会浮起。此动作让身体充分体会游泳时的漂浮状态。要多加练习，加深记忆，以便游泳时加以运用。

其他角度

俯卧漂浮

俯卧漂浮是学习游泳之前的必修课。在掌握大字形俯卧漂浮后，可增加漂浮的难度，让漂浮的姿态更贴近游泳时的姿态。

扫码看视频

身体呈流线型姿势漂浮

身体站于泳池中，双手抱膝，然后平稳地浮于水面。接着双腿向后伸直，双臂向前伸直，左手叠在右手上，目视下方。保持放松，身体呈流线型姿势俯卧漂浮于水面。

知识点

流线型手臂姿势

在游进时，手臂能否保持水平流线型姿势是很重要的，正确的做法是：双手交叠，掌心朝下，双臂在耳朵两侧，向前伸直。该姿势可以保持身体稳定，减小在游进中形成的阻力，可以使速度得到提升。

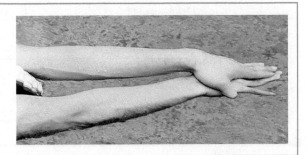

17

浮板仰卧漂浮

仰卧漂浮相比俯卧漂浮较难掌握，初学者容易产生恐惧心理，借助浮板练习，有助于初学者克服仰卧时的恐惧心理，体会仰泳时身体漂浮的感觉。

扫码看视频

身体站于泳池中，双臂前伸，交叠放在浮板上，双手握住浮板前端两侧，保持身体平稳。

保持身体放松

身体放松，深吸一口气，头向后仰，双腿伸直浮起，浮板贴紧腹部和髋部。憋气，使身体自然浮于水面上。保持 10 秒，重复练习。

大字形仰卧漂浮

扫码看视频

大字形仰卧漂浮不但是学习仰泳技术的基础，而且是重要的求生技能，所以掌握大字形仰卧漂浮不但可以提升仰泳技术，还有助于在水中遇到危险时保存体能。

站于泳池中，头向后仰，双臂向身体两侧伸直打开，与肩平行。双腿伸直，向两侧打开。保持放松，身体呈大字形仰卧漂浮于水面。

小提示

此练习是针对仰泳姿态的，用于初步掌握不借助辅助工具在水面漂浮的技巧。在做大字形仰卧漂浮时，注意平躺在水面上，下巴微微抬起，肩关节要打开，躯干挺直。保持腰腹和臀部肌群收紧，将髋部向上顶起，防止腿部向下沉，有助于找到漂浮的感觉。

知识点

呼吸节奏

在做大字形仰卧漂浮时，注意控制好呼吸节奏，不要过快地呼吸。身体体验在呼和吸时不同的漂浮感觉。漂浮时还可以调整手臂的位置，从向两侧打开到双臂并拢，从而更加深入地感受肢体对漂浮的影响。

仰卧漂浮

扫码看视频

仰卧漂浮同大字形仰卧漂浮动作的相似，只不过漂浮时要求双臂伸直，双手贴住大腿，双腿也自然伸展，让身体平稳漂浮在水面上。

脸部、胸部、脚尖露出水面

身体站于泳池中，头向后仰，双臂伸直，双手贴在大腿上，双腿伸直，保持放松，使身体呈仰卧漂浮姿势自然漂浮于水面。

知识点

手臂姿势

在做仰卧漂浮动作时，注意双臂伸直，双手五指并拢，掌心朝下放在大腿上。两手臂的间距小于肩宽。初学者由于腹部肌肉力量不足，容易出现腰部下沉的情况，将手贴大腿上可避免这种问题。

水中滑行

水中滑行有助于帮助身体记住流线型滑行的感觉。练习时身体呈流线型姿势，保持稳定，感受在水中行进的顺畅性。

扫码看视频

俯卧团身

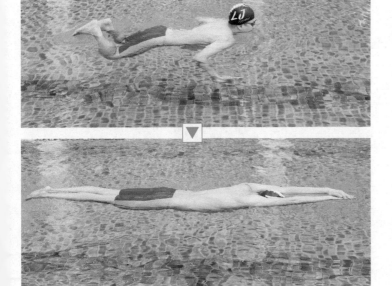

❋ 小提示

练习过程中注意双臂肘部不能弯曲，带动肩部、胸部一起向头部前方伸直；滑行时保持背部平直，双脚脚踝伸展，脚背绷直。

┃ 身体站于泳池中，两臂向前打开，目视前方。

┃ 接着双腿屈膝向腹部靠近，双臂向两侧划水，身体团起，呈俯卧姿势漂浮于水面。

┃ 腹部发力，双腿向后伸，小腿上抬，双脚露出水面。让身体漂浮起来。双臂外划后，向内划。

┃ 吸气，面部浸入水中。双腿向后伸展，双臂伸直夹住头部，两手交叠。身体呈流线型姿势向前滑行。

蹬池底浮板滑行

蹬池底浮板滑行是运用水对浮板的浮力，使初学者体会身体在水中呈流线型姿势滑行的感觉，还能起到保持身体平直稳定的作用。

扫码看视频

在泳池中，身体背对池壁站立，双脚踩住池底，踮起脚尖。双手握紧浮板，双臂向前伸直，保持身体平稳。

颈部保持放松，看向池底

在蹬池底的反作用下，双脚向上纵出，站在池壁上。上身与水面平行。双臂向前伸直，从手臂到肩部、胸腹部，整个上身都舒展开。

✿ 小提示

可以通过一些练习强化身体肌肉记忆，让身体习惯性地形成流线型姿势。如经常练习背部贴墙站立：
双臂向上举起，头部后方、肩胛骨、臀部、脚跟四个部位贴紧墙壁，保持一段时间。

手臂保持向前
伸直

吸气，双腿屈膝，使头部没入水中，双
臂夹住头部向上伸直。

双脚发力蹬池底，推动身体重心向上、向前移动。

双脚用力蹬离池壁，身体随着向前上方跃出后前游，直至双脚
向后伸直，身体呈流线型姿势向前滑行。

知识点 💡

浮板的作用

在初学者练习游泳时，浮板是常见的辅
助用具之一，对游泳技术的提升有很大
的用处。浮板不只是简单地提供浮力，
它还可以用来纠正手臂前伸时跑偏的问
题，以及增强核心力量来维持身体平衡。

蹬池底滑行

蹬池底滑行是在不借助浮板的情况下，练习在水中呈流线型姿势滑行的感觉。向前滑行时，提前深吸气，保持身体平稳。

扫码看视频

蹬池底起身

双脚发力蹬池底，使身体重心前移，同时双臂向前、向上方伸直，在头部两侧夹住头部，上身向下倾斜，呈俯卧姿势。

知识点

滑行要点

在滑行过程中注意下巴内收，面部朝向池底，双臂和双腿伸直，身体放松。入水前要吸足气，在水中保持憋气，滑行一段距离，脚跟尽量伸向水面，保持身体舒展。

在泳池中，身体背对池壁站立，双脚踩住池底，踮起脚尖。吸气，双腿屈膝，头部随着没入水中，双臂自然屈肘。

双腿向下屈膝至最大限度，身体随着下移。下巴内收，头部向下，双臂屈肘上抬。

小提示

注意蹬池壁时保持双腿并拢，双脚发力，才能使身体滑行的距离更远。

在蹬池底的反作用下，双脚向上抬起。

身体随着向前上方跃出后前游，直至双脚向后伸直，身体呈流线型姿势向前滑行。

俯卧位恢复站立

在水中恢复站立位是游泳初学者必须要掌握的。俯卧位恢复站立的要点就是蜷缩，把身体缩成一团，保持憋气，然后再自然站立。

▍身体呈俯卧漂浮姿势，双腿向后伸直，双臂向前伸直，目视下方。保持背部平直，身体放松，呈流线型姿势俯
▍卧漂浮在水面上。

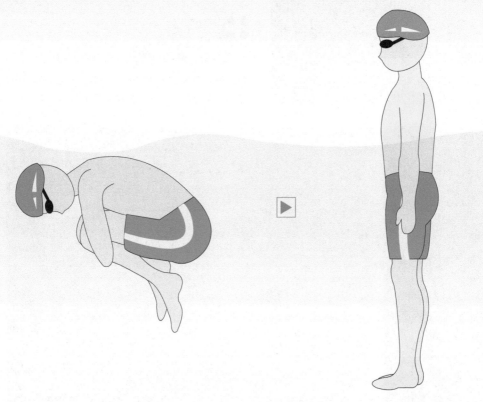

▍将伸直的双臂和双腿收回，相当于在地面的下蹲
▍姿势，使身体在水中蜷缩成一团，保持憋气。

▍身体蜷缩成一团后，双腿向下发力蹬直，同时双手压
▍水，使身体直立。

仰卧位恢复站立

仰卧位恢复站立与俯卧位恢复站立相似，都是靠身体蜷缩；与俯卧位恢复站立不同的是，仰卧位恢复站立是身体蜷缩后向水面转动再自然站立的。

身体呈仰卧漂浮姿势，双腿伸直，双臂在头顶上方伸直，目视上方。保持背部平直，身体放松，呈流线型姿势仰卧漂浮在水面上。

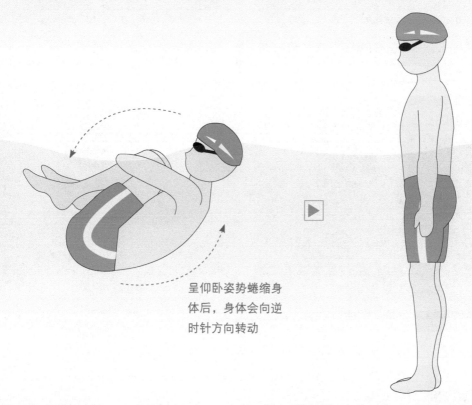

呈仰卧姿势蜷缩身体后，身体会向逆时针方向转动

将伸直的双臂和双腿收回，使身体在水中蜷缩成一团，保持憋气。

待身体与水面垂直时，双腿向下发力蹬直，同时双手压水，使身体直立。在水位较浅的地方可以直接站立；在水位较深的地方可以通过踮脚前进，保持平稳。

27

呼吸练习

2.5 憋气

四种泳姿的呼吸方式各不相同，但游泳时呼吸的过程是相同的。呼吸的过程是吸气—憋气—呼气—重新吸气，在练习中不断重复这个过程，充分地掌握游泳呼吸的原理。

扫码看视频

吸气低头

双手扶住池边，身体呈俯卧姿势，头部在水面上抬起，做吸气动作。

吸气，面部随着没入水中，保持憋气。

呼气抬头

在抬头的同时，嘴巴和鼻子慢慢向外呼气。

头部向上抬起移出水面，呼气动作完成后，重复整个吸气、憋气、呼气的过程进行练习。

小提示

初学者在练习时注意吸入空气不要过满，这样会缩短在水中憋气的时长。让肺部约 60% 的体积充满空气，这样吸入的空气在肺里可以被压缩，延长憋气的时间。

憋气练习

憋气练习不但是对呼吸练习的巩固和运用，还能帮助游泳者初步感知在水中的视野。练习长时间憋气，有助于缓解怕水的心理压力。

扫码看视频

身体站于泳池中，双腿屈膝下蹲，慢慢降低身体重心，使头部没入水中。双臂向前伸直，与肩平行。保持半蹲姿势，在池底憋气，感觉到憋气困难时，呼气，直立站起，浮出水面。

知识点

保持身体平稳

手臂伸直保持水平，背部挺直，大腿保持水平，这是为了保持身体重心稳定，感受在水中的平衡感。初学者可以让教练陪同潜入水底，以更好地适应在水中的视野。

▲ 双臂与双腿倾斜，重心不稳。

29

第 3 章

泳姿实战

在熟悉水性后，我们开始进行泳姿实战的教学。游泳运动分成四种标准泳姿来进行比赛，分别为蛙泳、自由泳、仰泳和蝶泳。不同的泳姿具有不同的技术特点。本章将对四种泳姿进行讲解。

蛙泳手臂动作

3.1 蛙泳

蛙泳中，手臂动作是产生推进力的关键因素之一。熟练地运用划水技术，再与打水动作相结合，是提高蛙泳速度的必要条件。

扫码看视频

▶

手掌外翻

▶

双臂向外打开

▌站立，双脚分开与肩同宽双臂向前伸直，掌心向下，向前俯身。

▌肩关节稍向内旋转，双手向外侧翻腕压水。

▌保持手掌外翻，双臂逐渐向两侧打开。

双臂贴紧身体

▶

▌内划收手后，双臂夹肘，贴紧身体。肘关节低于手的位置。双手掌心朝上。

▌在肘关节与肩关节的带动下，逐渐向前伸直手臂，同时掌心由向上转为向下。整个动作连贯迅速，不可停顿。

小提示

在整个内划的过程中，动作应该以积极、迅速、连贯的方式来完成，尤其是最后在肩下方夹肘收手阶段的动作速度不能减慢，而是要加速完成。

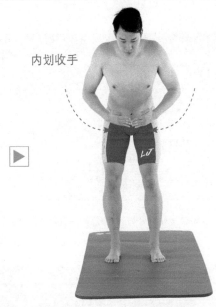

内划收手

▌双臂屈肘，掌心由外向内，手腕弯曲向内划水，注意划水的时候，肘部不能高于肩。

▌手臂将水推向身体内侧，两手在肩下方合拢，此时上身处于较高的位置。

❌ 水下错误动作

▲ 内划时肘部过于缩紧。

知识点 💡

手臂划水的推进力

在蛙泳时，注意手臂前伸到外划动作的速度要快于身体游进速度，外划到抓水动作的速度逐渐降低，直至与游进速度持平。内划动作是获取推进力的主要步骤。划水时，应以最大的力量来做好每个动作细节，以便能够获得最大的推进力。

半陆半水划水

半陆半水划水可以让游泳者通过视觉的帮助，初步练习水中划水动作，掌握划水动作与呼吸之间的配合节奏，以及划水时手臂的运动轨迹。

扫码看视频

身体在池边呈俯卧姿势，双腿向后伸直，胸部以下处于岸上，让腋窝与池边平行。手臂前伸，在头部两侧夹住头部，双手略向斜下方压水。

内划收手

手臂将水推向身体内侧，两手在肩下方合拢，此时上身处于较高的位置，吸气。

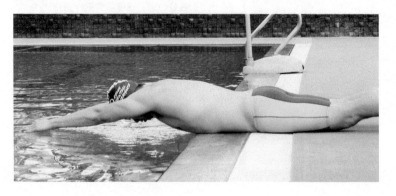

手臂向前伸直，同时掌心由向上转为向下。身体呈俯卧姿势将手臂按照外划、内划、伸臂的顺序配合呼吸进行练习。

知识点

感受划水动作

在岸上仔细观察手臂划水的整个轨迹和肌肉的用力部位，在真正下水后也要做出准确的动作。

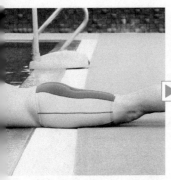

▌肩关节稍向内旋转，双手向外侧翻腕，同时双臂逐渐向两侧打开。

▌双臂屈肘，掌心由向外转为向内，手腕弯曲向内划水。

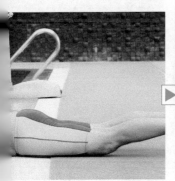

双臂前伸

▌内划收手后，双臂夹肘，贴紧身体。肘关节低于手的位置。双手掌心相对。

▌在肘关节与肩关节的带动下，手臂向前伸。

✖ 水下错误动作

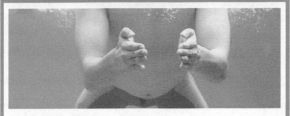

▲ 肘部下沉过低，双手未合拢。

✦ 小提示

此练习适合初学者，练习过程中注意记住各个动作的顺序和节奏，不要出现伸臂后急于将头部抬出水面吸气的情况，否则会造成节奏混乱、动作不协调。

水中站立划水

水中站立划水可以让练习者更适应水中环境，提高水中的划水动作与呼吸技术的配合度，充分体会双臂划水时手臂与手对水的感觉。

扫码看视频

身体站于泳池中，双臂向前伸直，两手并拢，掌心朝下。向前俯身，面部没入水中。

双臂向两侧移动，保持身体稳定，腹部收紧。

双手到达与肩同宽的位置时，肩关节内旋，手肘伸直，双手向外侧翻腕压水。

✖ 错误动作

▲ 没有保持身体和肩部平直。

双臂屈肘，掌心由外向内，手腕弯曲向内划水，注意划水的时候，肘部不能高于肩。

小提示

在做此练习时，注意只可以在浅水区进行，这样不但能保证自身安全，还能让练习者的动作更充分。蛙泳手臂的划水节奏是慢慢抱水，快速恢复。掌握动作的要点，泳姿才会张弛有度。

向外划水

保持手掌外翻，双臂逐渐向两侧打开。最初控制水流通过手心，之后慢慢地扩展到整个手臂，使肘部到达肩部两侧的位置。

内划收手

手臂将水推向身体内侧，两手在肩下方合拢，此时上身处于较高的位置，头部露出水面，进行吸气。

在肘关节与肩关节的带动下，向前伸直手臂，同时掌心由向上转为向下。

坐姿打水

坐姿打水练习可以让练习者在陆地上清晰地体会腿部完整的动作和用力的方法。在蛙泳的腿部技术中，翻脚动作的质量会直接影响蹬水的效果。

扫码看视频

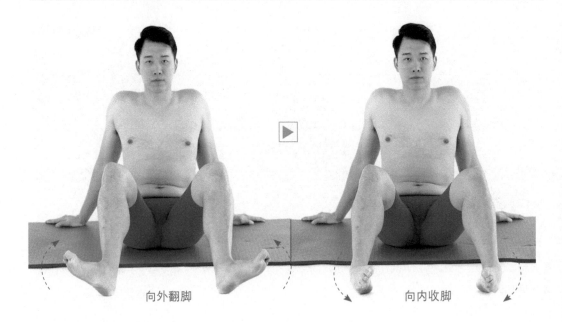

向外翻脚　　　　　　　　　　　向内收脚

身体坐于垫面，双手在身体后方撑于垫面，上身后仰。双腿屈膝分开，脚跟着地，脚掌外翻。目视前方。

翻脚完成后，双脚内旋，做向内收脚动作，脚背绷直，上身保持不动。然后继续依次进行翻脚和收脚的动作。练习时要注意腿部动作的完整性和连贯性。

知识点

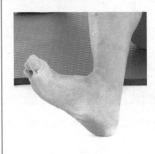

蹬夹力度

初学者非常适合进行此练习，注意收腿不要过度，及时翻脚，蹬夹水时两膝间距合适，蹬夹水之后两腿相互靠拢。两脚向外翻时，脚和小腿内侧对准蹬水方向，为大腿产生更大力量做准备。

小提示

做坐姿打水练习时，应由腹部和大腿同时发力，动作不可太猛，应该由慢至快地进行。在游泳时应连贯进行整个动作，如果翻脚动作稍有停滞，将会增大阻力，影响游进速度。

跳起夹水

在陆地上做跳起夹水练习是为了让练习者能够体会在水中快速蹬夹水的感觉。做跳起夹水练习需注意安全，小心不要滑倒。

扫码看视频

双脚外旋

站立，双脚分开，略宽于肩，手臂自然放于身体两侧，目视前方。

以双脚脚跟为轴，脚尖向外旋转至最大限度。

跳起

双腿屈膝，蹲至膝部间距与肩同宽，同时双臂屈肘置于胸部两侧。

双脚蹬地，借助膝部回弹的力向上跳起，同时双臂上伸，双腿并拢。

双脚自然落下，然后回到起始姿势，重复动作至规定次数。

蛙泳腿部动作

掌握蛙泳腿部动作对于提高蛙泳速度非常重要。蛙泳的腿部动作分为收腿、翻脚抓水、蹬夹水以及滑行 4 个阶段，腿部打水所获得的推进力占整个动作所获推进力的 60% 以上。

扫码看视频

> 身体呈俯卧姿势，背部挺直，双臂向前伸直举过头顶，左手搭在右手上。双腿平行向后伸直，双脚脚背绷直，脚尖稍稍朝内。

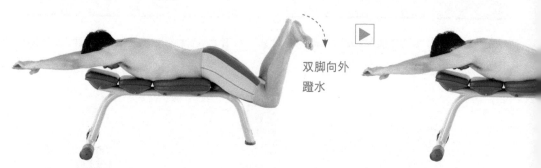

双脚向外蹬水

> 在收腿动作结束前，脚跟接近臀部时，两脚脚跟外翻且尽量分开，脚踝放松，两脚脚跟的间距大于双膝的间距，两脚的脚趾朝向两侧，小腿尽量向大腿方向收紧，最后形成一个小腿内侧与脚掌组成的向后对水面。

其他角度

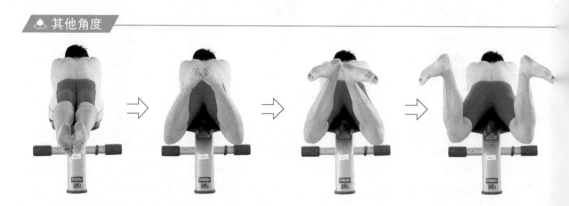

小提示

做蹬夹水动作要注重节奏的变化，整个动作过程中的速度由慢至快，力量从小到大。动作不要过急，力量不要过大，否则会造成技术动作不协调，影响练习效果。

收腿

双腿屈膝回收，将脚跟向臀部靠拢，脚背绷直接近水面。

进一步屈膝，同时勾脚，脚底朝上，脚尖向外，双脚外翻，使脚和小腿内侧对着蹬水方向。

脚掌外翻抓水后，双腿径直向下方打出，不要出现向左或向右蹬的动作。

打水结束时脚跟加速内旋，双腿绷直自然并拢。

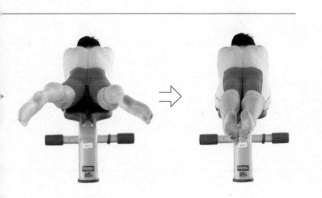

错误动作

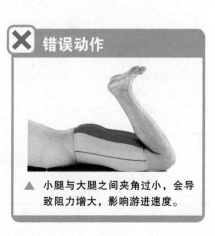

▲ 小腿与大腿之间夹角过小，会导致阻力增大，影响游进速度。

半陆半水腿部打水

半陆半水腿部打水可以帮助初学者在无法用眼睛看到的情况下，依靠肌肉和运动的感觉来练习蛙泳的腿部动作，同时还可以让初学者初步在水中感受到腿部动作形成的推进力。

身体俯卧于池边，双臂向前伸直，双手掌心贴于地面，肩部放松，让身体尽量平卧。双腿平行向后伸直，处于水中。

双脚脚跟外翻

在收腿动作结束前，脚跟接近臀部时两脚脚跟外翻且尽量分开，脚踝放松，两脚脚跟的间距大于双膝的间距，两脚的脚趾朝向两侧，小腿尽量向大腿方向收紧，最后形成一个小腿内侧与脚掌组成的向后对水面。

知识点

蛙泳收腿动作

蛙泳收腿时要把腿收到最有利于蹬水的位置，幅度不要过大或过小，尽量减少阻力，保证游进速度。

双腿屈膝，脚跟向臀部靠拢，小腿尽量贴近大腿。勾脚，脚跟朝上，脚尖向外，使脚和小腿内侧对着蹬水方向。

脚掌外翻抓水后，双腿径直向下方打出，打水结束时，脚跟内旋，双腿自然并拢，保持绷直。

❌ **错误动作**

▲ 双脚未上勾、外旋，且双腿膝关节距离较近。

▲ 双腿屈膝下沉过低。

✦✦ **小提示**

初学者在练习时，掌握动作的节奏变化是关键。另外，要注意收腿不要过度、收腿后及时翻脚、蹬夹水时两膝间距合适和蹬夹水之后双腿相互靠拢等问题。

水中借助浮板打水

练习者借助浮板可以使身体平稳漂浮，利用已学到的蛙泳腿部动作进行练习，从中体会腿部动作产生的推进力，还可以借助练习改正错误动作。

扫码看视频

双手握住浮板，双臂向前伸直，保持肩部放松，腹部收紧，身体呈俯卧姿势平稳漂浮于水面。深吸一口气，面部没入水中，同时双腿屈膝，脚跟向臀部靠近，注意双脚不要出水，感受水的阻力。

✖ 错误动作

▲ 双膝过度打开，会沉腰收腿。

☚ 其他角度

小提示

此项练习的难点就在于初学者不能一口气在保持漂浮的状态下做一系列动作。如果实在难以做到，刻意先抬头不加呼吸动作游 4 组，然后佩戴漂浮器具深入练习。

双腿蹬腿
同时内旋

在收腿结束的同时完成翻脚抓水，然后双腿径直向下方打出，做蹬夹水动作。

45

徒手水中打水

徒手水中打水是让练习者在没有浮板支撑的情况下，练习蛙泳的腿部动作，体会蛙泳游进时腿部动作与身体之间的协调配合，提升呼吸配合技术。

先借助脚蹬池壁或蹬地获得推进力，身体以流线型姿势向前滑行，手臂前伸，在头部两侧夹住头部，左手叠在右手上，双腿向后伸直。身体自然放松，运用腰腹部力量保持平稳。

双脚外翻

在收腿动作结束前，脚跟接近臀部时两脚脚跟外翻且尽量分开，脚踝放松，两脚脚跟的间距大于双膝的间距，两脚的脚趾朝向两侧，小腿尽量向大腿方向收紧，最后形成一个小腿内侧与脚掌组成的向后对水面。

知识点

呼吸节奏
由于没有浮板的支撑，初学者在做此练习时可能会出现无法抬头的情况，可以尝试多次蹬腿后呼吸一次的方式帮助自身抬头，然后逐渐过渡至蹬腿一次后呼吸一次。

屈膝收腿

双腿屈膝，脚跟向臀部靠近，脚背绷直，接近水面。收腿过程中双腿和双脚保持平行，收腿结束时腹部与大腿之间形成的夹角保持在 120~130 度。

脚掌外翻抓水后，双腿径直向下方打出。打水结束时，脚跟内旋，双腿绷直，自然并拢。注意蹬腿动作的节奏，整个练习亦可配合呼吸完成。

蛙泳换气要点

蛙泳的呼吸是和身体的动作紧紧结合在一起的，如果换气太迟，会使打腿获得的推进力不能很好地起作用，导致很难前进。

▶ 记住正确的换气时机

蛙泳的换气时机是在打腿动作结束后、手臂恢复动作开始的瞬间。在双腿向后伸展、双手并拢时吸气才是正确的。

在头部入水之后才能弯曲膝关节，而且在进行打腿动作时，上肢要保持水平，将水的阻力降到最低。蛙泳时，借助打腿的力量在水中前进，如果换气太迟，那么打腿的同时，头部会进入水中。

▶ 打腿动作结束后换气

在打腿动作结束、腿部完全伸展后，划水的动作结束，进行恢复动作。上身浮出水面时换气，手臂向前伸出时，面部进入水中。待腿部完全伸展时，膝关节逐渐弯曲，面部处于水下位置。

❖ 小提示

蛙泳的主要配合方式即为1：1：1，表示每做一次划水，就配合做一次呼吸与蹬腿。整个动作过程可以概括为：划水不动腿，收手时收腿，手将伸直蹬夹水，蹬夹水后是滑行。

抬起下颌，待肩和背浮起后换气。

❌ 错误动作

▲ 换气时头部上抬过高，肩向后方倾斜。

知识点

蛙泳呼吸

在蛙泳中，正确的内划动作不但能产生推进力，还能产生使身体上升的力。这时上身处于一个较高的位置，可以配合双手动作有节奏地换气。但注意不要让身体和头部过度后仰。蛙泳中不正确的换气动作和呼吸节奏，会让人感觉到很累。

配合呼吸打水

配合呼吸打水不但有助于练习者在身体漂浮的基础上练习打水动作，还有助于练习者逐渐掌握腿部动作与呼吸配合的时机。

扫码看视频

知识点

学会在水中吐气

由于水中存在水压，在水中吐气不像在陆地上吐气那样顺畅，容易断断续续。正确的做法是，面部没入水中，慢慢用嘴或鼻子吐气，一段时间后缓缓站起，如此反复。在水中吐气要连续，时间越长越好，不要断断续续，以免呛水。

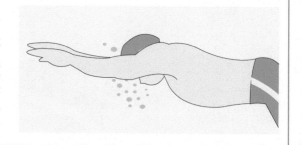

✦ 小提示

做此练习时，注意腿部动作的完整性和连贯性。初学者配合呼吸可先蹬腿多次，呼吸一次，慢慢尝试蹬腿一次，呼吸一次。

脚跟接近臀部时两脚外翻

双手扶池边，身体呈俯卧姿势，头部在水面上抬起，双腿向后伸直，保持腹部收紧，使身体平稳漂浮。

深吸一口气，同时脚跟收向臀部，接着双脚外翻，使脚和小腿内侧对着蹬水方向，且双脚保持在水下。

头部进入水中，憋气。脚掌外翻抓水后，双腿径直向下方打出。

腿部蹬夹动作完成后，双腿靠拢，保持漂浮姿态，嘴巴和鼻子慢慢向外呼气。之后头部抬出水面吸气，反复进行配合呼吸打水练习。

♠ 其他角度

水下完整动作

扫码看视频

　　观察蛙泳在水下完整的动作，深入体会手臂、肩部、头部、髋部、腿部、脚部等的技术
动作以及发生的变化，牢记蛙泳动作各个部分与呼吸之间如何紧密配合。

身体呈流线型姿势，双臂向前伸直，双手掌心朝下。
肩部放松，腹部收紧，双腿向后伸直。

双臂向外打开

肩关节稍向内旋转，双手向外侧翻腕压水。双臂逐
渐向两侧打开。

小提示

蛙泳中，打腿之后身体保持笔
直的这段时间有助于加速，因
为在打腿时获得的大量推进力，
在这时转换为前进的速度。重
要的是身体要保持笔直的姿势
向前滑行。如果手臂伸出之后
就开始抱水，在本来就不顺利
的前进动作中勉强加速，会很快
产生疲惫感。

在肘关节与肩关节的带动下，手臂逐渐向前伸。小腿尽量向大腿方
向收紧，双脚外翻。

知识点

蹬夹水动作

蹬夹水时，腿部关节移动的路线和方向、蹬夹水的速度和力量都是决定蹬夹水效果的关键，练习时还要注意节奏的变化。

双臂屈肘，掌心由外向内，手腕弯曲向内划水，同时屈膝收腿。此时上身处于较高的位置，头部出水，吸气。

手臂将水推向身体内侧，两手在肩下方合拢。双腿屈膝，脚跟向臀部靠拢。

呈流线型姿势滑行

脚掌外翻抓水后，双腿径直向下方打出，同时头部没入水中，保持慢慢呼气。双臂向前伸直，同时掌心转为向下。双腿并拢蹬直，向前滑行。

自由泳手臂动作

扫码看视频

自由泳中，手臂划水动作是推进力的主要来源。划动过程中，手臂动作分为入水前伸、下划抓水、内划、上划、出水与空中移臂。

左臂略微屈肘，
做下划抓水动作

双脚与肩同宽站立，双臂向前伸直，与肩齐平，双手掌心向下，向前俯身。

左臂略微屈肘，手掌与小臂对准水的方向，将水抓至身体中线前方，完成下划动作。

斜插入水

出水后肘部弯曲，在肩关节的带动下，左臂向前移动，完成空中移臂。

左臂向前伸直，恢复起始姿势。手部的速度要保持最快，先于肩部入水，整个移臂的动作放松自然。

✿ 小提示

手臂入水时，不仅手臂要向前伸，而且肩胛骨也要尽量前伸。入水点可以在双肩的延长线上，如果入水点偏内，容易破坏身体的稳定性。

左臂继续向下
推水至大腿

运用左手手掌将划进来的水由胸部向后推至大腿，直至左臂接近水面。推水过程中，手腕要灵活。

左手掌心转向身体，大臂发力带动肘部向上提拉，小指先出水，接着手与小臂逐渐出水，整个动作需迅速且放松。

☁ 其他角度

出水移臂

出水移臂是指利用大臂带动肘部提拉小臂和手部出水，在出水后手臂由身体后方向前上方移动。该动作是整个划水动作的结束，也是进行下一个划水循环动作的必要环节。

左臂略微屈肘，做下划抓水动作

双脚与肩同宽站立，双臂向前伸直，与肩平行，双手掌心向下，向前俯身。

左臂略微屈肘，手掌与小臂对准水的方向，将水抓至身体中线前方。

运用左手手掌将划进来的水由胸部向后推至大腿，直至左臂接近水面。

其他角度

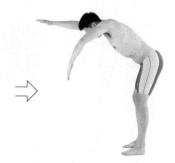

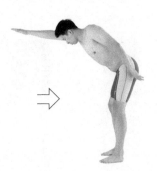

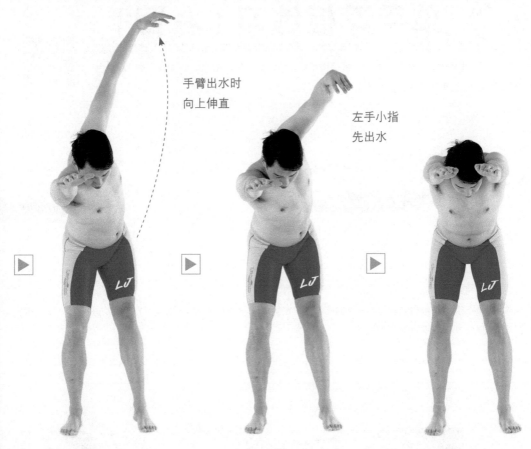

手臂出水时
向上伸直

左手小指
先出水

▶ 左手掌心转向身体，大臂发力带动肘部向上提拉，同时上身左转，左臂出水向上伸直。

▶ 左臂出水后肘部弯曲，在肩关节的带动下向前移动。

▶ 左臂向前伸直，恢复起始姿势。手部的速度要保持最快，先于肩部入水。

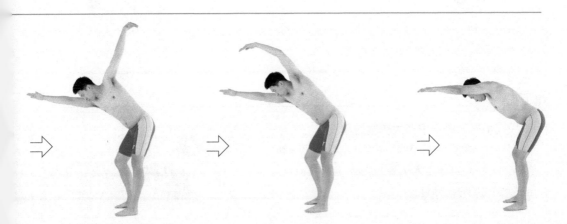

单手浮板练习（右臂）

单手浮板练习是指一只手握住浮板保持不动，另一只手做自由泳划水动作，同时双腿也随着手臂的运动有节奏地进行上下打水动作。

扫码看视频

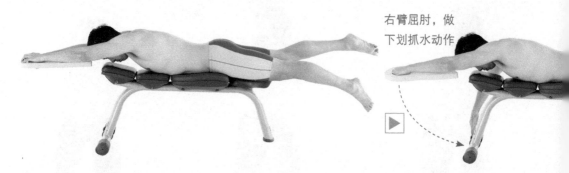

右臂屈肘，做下划抓水动作

身体呈俯卧姿势，双手握紧浮板，双臂向前伸直。右侧大腿发力带动小腿和脚向上方移动，进行上打水，同时左侧大腿带动小腿和脚向下方打水。

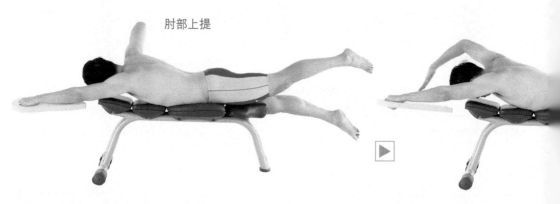

肘部上提

右侧大臂发力带动肘部向上提拉，同时身体随着向右转动，脸部露出水面吸气。当右腿与水平面基本平行时，右腿停止摆动，转入下打水，左腿向上方打水。

知识点

不只是手臂，肩部也要大幅度运动

如果只用力挥动双臂，肌肉就容易僵硬，无法达到想象的动作效果。所以挥动双臂时，要更加注意肩胛骨的动作，用最大的幅度来挥动手臂。

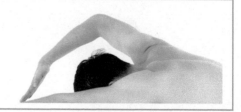

小提示

在下划过程中，要注意手掌是做推的动作；划水时，手臂不要完全伸直，以保证划水的方向不变。注意动作的协调配合，右臂向上出水的同时转头吸气。

右臂继续下划抓水

左手握紧浮板，右臂略微屈肘，手掌与小臂对准水的方向，将水抓至身体中线前方。

运用右手手掌将划进来的水由胸部向后推至大腿，直至右臂接近水面。

右臂出水后肘部弯曲，在肩关节的带动下向前移动，完成空中移臂，双腿继续上下交替打水。

右臂向前伸直，恢复起始姿势。手部的速度要保持最快，先于肩部入水，整个移臂的动作需放松自然。

✗ 水下错误动作

◀ 在入水时手腕不能弯曲，如果入水时弯曲手腕，手背会把水推向前方，从而减慢游进速度。正确做法是伸直手腕，从拇指到手掌再到手腕向前方划入。

半陆半水划水

扫码看视频

半陆半水划水练习是在池边保证身体姿态正确的条件下，借助视觉来练习手臂在水中划水的技术动作，并体会手臂在水中的感觉。

身体在池边呈俯卧姿势，保持和泳池边沿平行。双臂向前伸直，掌心贴于地面。

右臂从头部前方入水，由指尖到大臂自然插入水中，左臂保持前伸。

右手出水移臂

出水后肘部弯曲，借助肩关节自然内旋，右臂在空中向前移臂。

知识点

手臂划水

练习过程中，逐步体会手在水中划动的感觉。注意手臂要在头前方入水，手向后划动至腿部后再出水，手臂在水中呈曲线的划动轨迹，划水动作的幅度要大一些。

入水后，右臂从身后向大腿方向划水，划至右手接近水面。

右手掌心转向身体，大臂发力带动肘部向上提拉，小指先出水，然后逐渐将手与小臂拉出水面，完成出水动作。

小提示

出水是指利用大臂带动肘部提拉小臂和手部出水。移臂则是指在出水后将手臂由身体后方向前上方移动的过程。

右臂继续前移至完全伸直，与左臂保持平行，放在泳池边沿。整个移臂的动作需放松自然。

陆上腿部动作

陆上腿部动作是坐在训练椅上进行的打水练习。练习者可以在自身视觉的帮助下，运用腿部肌肉力量感受腿部动作技术。

扫码看视频

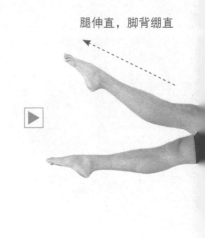

腿伸直，脚背绷直

身体坐在训练椅上，双手扶于身体两侧的训练椅上，支撑身体。双腿平行向前伸直，脚背绷直，双脚略向内扣，保持身体平稳。

✖ 水下错误动作

▲ 腹部与大腿之间的距离过近，会导致阻力增大。

💡 知识点

下打水动作

下打水是在小腿和脚完成上打水动作之后进行的，下打水时要绷直脚背，用脚背打水，这样可以使脚获得水的反作用力，使身体向前、向上游进。如果以错误的勾脚尖姿态进行下打水，不但不能产生推进力，还会产生阻力使身体向后移动。

小提示

在练习陆上腿部动作时，注意要让双腿伸直，双脚脚背绷直，不要勾脚；动作熟练后，膝盖放松，逐渐加快上下打水的速度。

髋关节发力，左腿大腿带动小腿上摆，做上打水动作。同时右腿大腿带动小腿下摆，向下打水。

左腿完全伸直时，开始转入下打水。髋关节发力，右腿同时进行上打水。如此交替进行上下打水。

其他角度

抱板打腿练习

抱板打腿练习是身体俯卧在训练椅上进行的打水练习，使身体更接近在水中的姿态，有助于练习者在不借助双臂的情况下，感受腿部打水的感觉。

扫码看视频

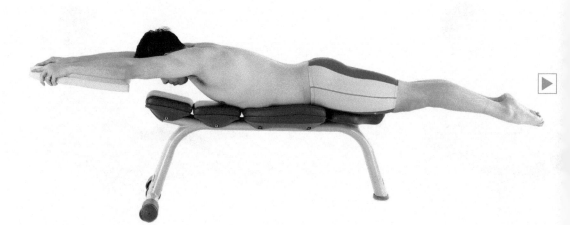

身体在训练椅上呈俯卧姿势，双手握紧浮板两端，双臂向前伸直。双腿平行向后伸直，脚背绷直，双脚稍稍内扣。腹部收紧，保持身体平稳。

直腿打水，脚背绷直

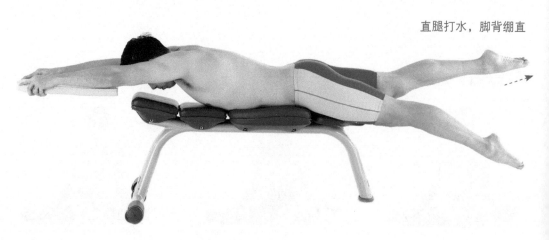

左腿完全伸直时，开始转入下打水。髋关节发力，右腿同时进行上打水。如此交替进行上下打水，练习时可以根据自身掌握动作的情况，逐渐增加打水的时间。

知识点

上打水动作

在进行上打水时，虽然大腿停止向上运动，但小腿和脚部由于惯性依然向上运动。要注意控制小腿不要露出水面，否则身体会出现下沉的趋势，而且做下打水动作时难以获得水的反作用力。

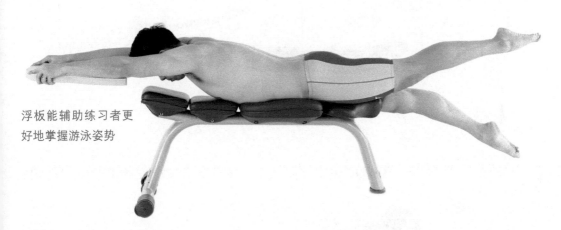

浮板能辅助练习者更
好地掌握游泳姿势

髋关节发力，左腿大腿带动小腿上摆，做上打水动作。同时右腿大腿带动小腿下摆，向下打水，踝关节伸展但保持放松。

小提示

抱板打腿练习中，浮板可以向身体提供支撑力，使腹部收紧，躯干保持挺直。在游泳时，如果腹部没有用力，会导致双腿下沉。容易腹部下沉的练习者也可以使用同样的方法。在做此练习时，注意向下打水需由慢至快，不要太用力，腿部打水要灵活一些，避免僵直。

✕ 错误动作

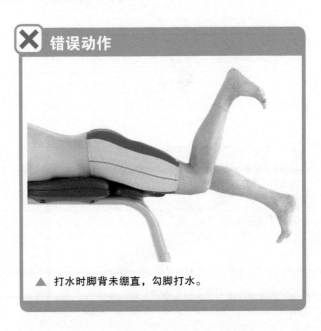

▲ 打水时脚背未绷直，勾脚打水。

自由泳腿部动作

扫码看视频

　　自由泳腿部动作由上打水和下打水两部分构成。下打水有力，上打水放松，打水的动作产生的推进力较小，主要作用是保持身体的平衡和减小阻力。

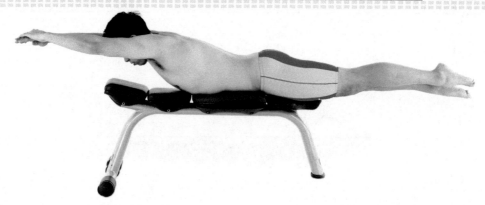

┃ 身体在训练椅上呈俯卧姿势，双臂向前伸直，左手搭在右手上。双腿平行向后伸直，双脚脚背绷直，脚尖稍稍朝内。

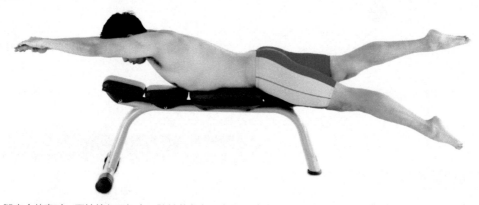

┃ 左腿完全伸直时，开始转入下打水。髋关节发力，右腿同时进行上打水。

❌ 错误动作

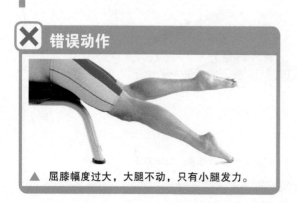

▲ 屈膝幅度过大，大腿不动，只有小腿发力。

知识点 💡

打腿动作过于紧张

打腿动作越用力，身体的动作越小，导致双腿下沉。慢慢游泳时，这个问题还不是特别明显，但是一加快速度，手脚就会不知不觉地用力。所以练习者要在运动中学会正确的动作。

✦ 小提示

在自由泳中上、下打水的动作区别不是很明显，主要通过大腿和小腿是否同时向上或同时向下来区分，打腿的幅度会随着速度的提高而变小。

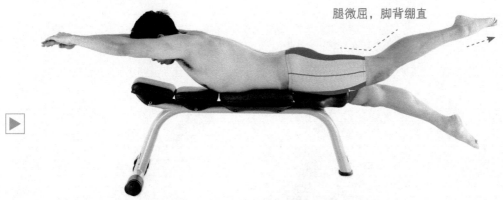

腿微屈，脚背绷直

▶ 髋关节发力，左腿大腿带动小腿上摆，做上打水动作。同时右腿大腿带动小腿下摆，向下打水。

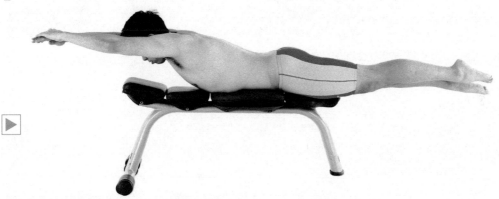

▶ 恢复起始姿势，如此交替进行上下打水，反复练习。

♦ 其他角度

扶住池边打水

用手扶住池边可以稳定身体的姿态，集中练习交替上下打水，初步掌握打水的动作和姿势。

扫码看视频

站在泳池中，双臂伸直，双手扶住池边，抬起头部，肩部放松，双腿站于池底。

右脚下打水，
左脚上打水

右腿完全伸直时，开始转入下打水。髋关节发力，左腿同时进行上打水。双腿轮流进行上下打水。注意是用脚背打水。

知识点

感受打水节奏
此练习适合初学者。练习者在水中体会打水的感觉，准确地运用打水部位，正确运用大腿根部发力，掌握双腿呈鞭打状的打水节奏。

双腿借助水的浮力脱离池底，向后伸直，使躯干形成一条直线。髋关节发力，右腿大腿带动小腿上打水，同时左腿向下打水。

小提示

打水时注意力量的源头是髋关节，打水的部位是脚背与脚掌，从大腿根部向脚尖发力。

✕ 错误动作

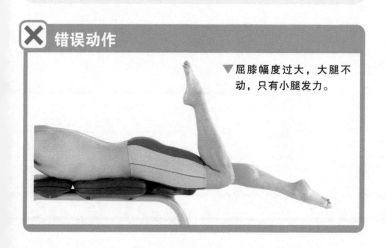

▼屈膝幅度过大，大腿不动，只有小腿发力。

浮板有呼吸打水

浮板有呼吸打水练习有助于练习者初步体会在水中漂浮前进的感觉，浮板有助于稳定身体姿势；还可以让练习者体会打水时呼吸的节奏。

扫码看视频

双腿站于池底，双臂向前伸直，双手握紧浮板。抬起头部，肩部放松。

小提示

借助浮板体会游泳前进时的感觉，熟练运用腰部力量保持漂浮状态，保证身体呈流线型姿势，同时保持头部在水面上，感受游泳的呼吸节奏。

其他角度

知识点

抬头不要过高

初学者在呼吸时可能会感到不安，所以换气时总是抬头过高。头抬得越高，身体越接近直立，这样水流的阻力加大，会导致速度下降。

保持头部在水面上，均匀呼吸

双腿借助水的浮力脱离池底，向后伸直，使躯干形成一条直线。髋关节发力，右腿大腿带动小腿上打水，同时左腿向下打水。保持下巴抬起，均匀呼吸。

双腿交替打水，推动身体前进。向前游进一段距离，体会身体在水中漂浮的感觉。

自由泳换气要点

在四种泳姿中，自由泳的换气难度最大。因为自由泳采取的方式是侧向转头换气，需要与手臂划水和转动身体的动作相配合，让人不容易适应。

▶ 配合手臂划水动作，自然呼吸

在自由泳时，需配合手臂的划水动作稍稍转头，使口鼻露出水面，进行换气。

呼吸时只把鼻子和口部露出水面即可，不用将整个头部全露出水面，呼气的动作在水中也可以完成。注意要在手臂划过头顶之前吸气。如果在手臂到达头顶上方时吸气，会导致激起的水花进入口中。

所以在换气时身体不用大幅度地倾斜，也没有必要过于夸张地向前抬头。

▶ 呼吸时，前臂用力抱水

初学者很容易忘记水中的动作配合。双臂在水中的动作是很重要的，在水上的手臂到达头顶前开始呼吸，之后水中的手臂开始抱水，身体借助抱水动作向前滑行。

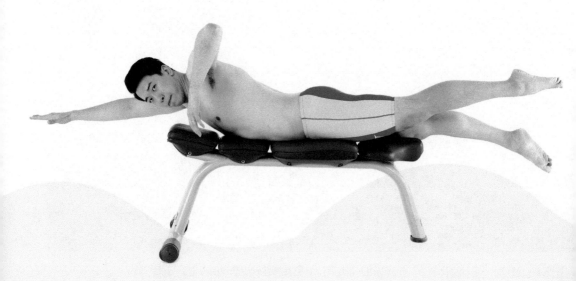

换气时，头部向一侧微微转动，使鼻子和口部露出水面，进行吸气。

✖ 错误动作

▲ 面部抬出水面过高，导致头部后仰。

❄ 小提示

呼吸时，把整个面部抬出水面或头部后仰会产生较大阻力，直接影响到手臂的动作，导致过于用力，从而影响动作的流畅性。如果为了呼吸，抬头过高，很容易重心后移。这样会使身体受到的阻力加大，双臂划水的动作也会受到影响。

水中划水及换气

扫码看视频

水中划水及换气练习有助于练习者更好地感受水的作用力，通过划水与身体转动，配合呼吸技术，形成自由泳划水换气的完整动作体系。

站于泳池中，双臂向前伸直，掌心朝下，向前俯身，保持背部平直。头部向下，目视池底。

✖ 错误动作

▲ 肘部应高于小臂，入水点应该在肩膀的延长线上。如果手臂在头部上方入水，会使身体的重心出现不稳定的情况。

出水后肘部弯曲，在肩关节的带动下，左臂向前移动，完成空中移臂。

✦ 小提示

初学者在练习时，经常会出现手臂划到腰部提前出水、动作不流畅等错误动作。在练习时要注意保持重心的稳定，按照动作控制节奏。熟练后，可边划水边迈步向前，感受划水时的推进力。

小指先出水

右臂保持前伸，左臂屈肘入水，向大腿方向划水。同时头部和身体向左侧转动。

大臂带动小臂，上提手肘将左臂移出水面。当嘴和鼻子露出水面时吸气。

手部的速度要保持最快，先于肩部入水，整个移臂的动作放松自然。头部进入水中，呼气。恢复起始姿势。在练习中体会手臂对准水划动的感觉。

扶住池边转身打水

扫码看视频

此练习可以让身体体会在水中保持平衡的感觉；在身体足够平稳后加入转身打水练习，配合呼吸动作。

左手伸直扶住池边，双腿借助水的浮力脱离池底，向后伸直，使躯干形成一条直线。深吸一口气，面部浸入水中，右手保持在大腿处接近水面的位置。髋关节发力，右腿向上打水，左腿向下打水。

双腿交替打水6次后，身体带动头部向右侧转动，使嘴和鼻子露出水面，进行换气。保持侧卧姿势，双腿交替打水6次后，再转身呈俯卧姿势练习打水。

✥ **小提示**

练习时注意放松身体，不要出现抬头、屈肘、缩肩、勾脚和身体位置倾斜的错误。另外，在侧身呼吸时，不要出现抬头吸气的错误动作。

❌ **错误动作**

◀ 手臂的入水点偏外侧，身体转动幅度过大，身体重心不稳定。

◆ **其他角度**

水下完整动作

观察自由泳在水中完整的动作，深入体会手臂、肩部、头部、髋部、腿部、脚部等的技术动作以及发生的变化，牢记自由泳动作各个部分与呼吸之间如何紧密配合。

扫码看视频

右臂完成空中移臂后（同时也完成了换气），右臂大臂内旋向前伸直，先于肩部入水。左臂略微屈肘，手掌与小臂对准水的方向，将水抓至身体中线前方，完成内划动作。髋关节发力，右腿向上打水，左腿向下打水。

左臂保持伸直，
右臂内划

左臂完成空中移臂后，向前伸直入水。进行内划动作时，手掌和小臂对准水的方向，以肘为支点，右臂屈肘，用小臂及手掌沿着身体中线呈曲线将水划至胸前，双脚交替打水。

小提示

在整个过程中，手臂上划时，明确手掌动作是一个推的动作，而不是向上划水。

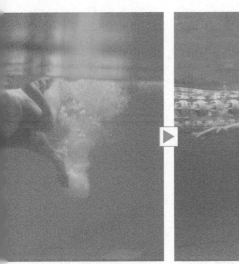

左臂出水移臂（换气），
右臂下划抓水

左臂由胸部向大腿方向推水，直至左手接近水面，左臂运用大臂的力量带动肘部上提，双脚交替打水。

左臂出水后肘部弯曲，在肩关节的带动下向前移动，身体带动头部向左转动（换气），同时右臂下划抓水。

左臂继续向前伸直，右臂由胸部向大腿方向推水，直至右手接近水面，大臂带动小臂，屈肘上提。

出水后右臂屈肘，借助肩关节的内旋，向前移臂，身体带动头部向右转动（换气），同时左臂下划抓水。重复以上动作。

岸上手臂练习

3.3 仰泳

岸上手臂练习是练习者在陆地上进行的仰泳手臂练习。仰泳中，两臂的配合动作与自由泳类似，都力求身体能够获得均匀的推进力，让身体能够匀速前进。

扫码看视频

屈肘转肩

自然站立，双臂向上伸直，举过头顶，双手掌心朝外。右臂向右后方做划水动作，同时带动上身略微右转，左臂保持不动。右臂继续向后、向下屈肘做划水动作。

❌ 错误动作

◀ 手臂在想象的入水点处过于偏外。

✤ 小提示

练习时可以观察手臂划水的整个轨迹，方便在入水时更好地执行动作。

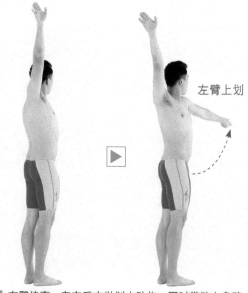

左臂上划

右臂伸直，向右后方做划水动作，同时带动上身略微右转。左臂上划。

知识点

入水动作

仰泳手臂的入水动作是与身体转动相结合的，能否高质量地划水取决于入水动作是否正确。

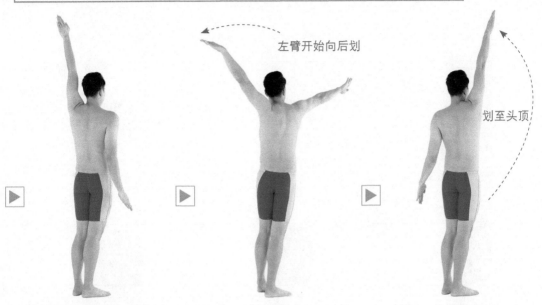

左臂开始向后划

划至头顶

右臂继续划至髋部，恢复伸直状态。接着右臂保持伸直向前方划，同时左臂向左后方做划水动作。右臂继续向上划至头顶，左臂划向大腿后侧。

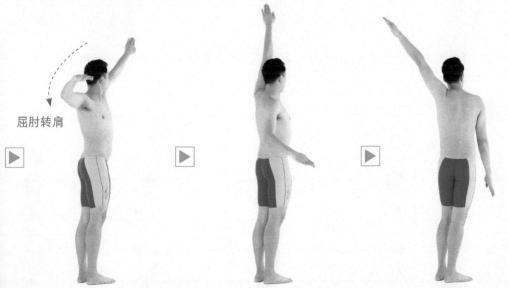

屈肘转肩

左臂继续向上划，右臂屈肘，继续向后、向下做划水动作。身体保持稳定，双臂交替划动，重复以上动作。

站姿练习

站姿练习是练习者在陆地上用单手进行的仰泳手臂练习。练习者通过掌握划水时的运动轨迹，感受手臂的用力部位。

扫码看视频

屈肘下划

自然站立，双臂向上伸直，举过头顶，拇指贴掌，掌心略微朝外。左臂向后、向下屈肘做划水动作。

🍃 其他角度

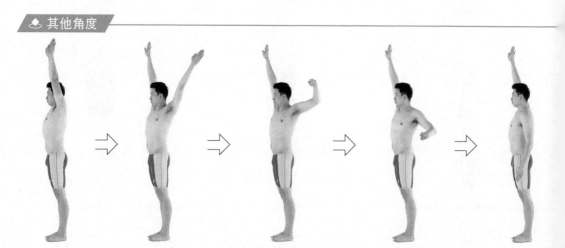

小提示

下划与抓水动作和入水动作紧密相连，中间不要停顿，连贯、准确的下划抓水动作会使后面的划水动作产生更大的推进力。

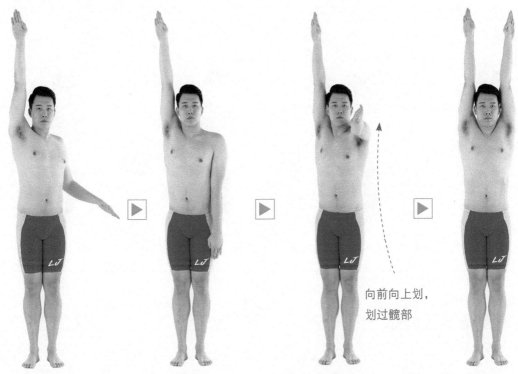

向前向上划，
划过髋部

右臂保持不动，左手掌心由向下转为向内划至髋部位置，手臂恢复伸直状态。

左臂从髋部继续向前划，接着向上划经过肩部前方，保持掌心朝外，再向上划到头顶上方，回到起始姿势。重复以上动作。

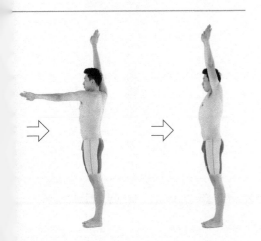

✖ 错误动作

▲ 手臂入水点过于偏内。

仰泳手臂动作

扫码看视频

仰泳手臂动作是整个游进过程中产生推进力的关键，划水效果的好坏决定了仰泳速度的快慢。在仰泳的划水过程中，以身体中心为轴，手臂一定要在相对对称的位置上。

上身跟随
手臂左转

屈肘转肩

自然站立，双臂向上伸直，举过头顶，双手掌心朝外。左臂向左后方做划水动作，同时带动上身略微左转。右臂保持不动，左臂继续向后、向下屈肘做划水动作。

左臂上划

屈肘转肩

左臂保持伸直向前划，同时右臂向右后方做划水动作。

左臂继续向前、向上划，右臂屈肘向后划水，同时身体略微右转。

知识点

身体轴心

上抬的手臂如果摆到肩膀内侧，会使背脊变形，从而让身体的轴心弯曲。

划向髋部

▌左臂继续下划至髋部，直到恢复伸直状态。

划向髋部

▌右臂继续向下划水至恢复伸直状态。交替练习划水
动作，身体保持稳定。

✖ 水下错误动作

▲ 偏离中心线向内侧的入水动作。

▲ 过于向外的入水动作。

小提示

在单臂划水时，要做到笔直压水，肘部与肩部
在同一水平位置，让身体感受到水流的力量，
从而带动身体向前游进。

腿部陆上练习

腿部陆上练习是坐在训练椅上进行的打水练习。练习者通过自身视觉的帮助，体会仰泳时打水的感觉，灵活地使用双腿完成向上、向下打腿的动作。

扫码看视频

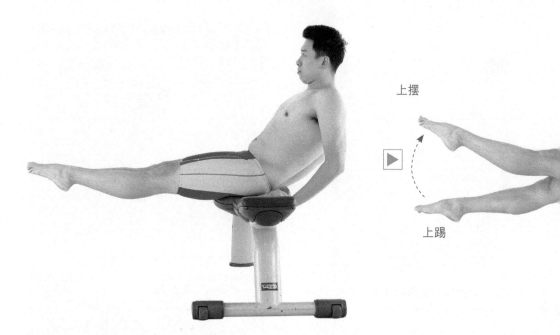

上摆

上踢

身体坐在训练椅上，双手扶于身体两侧的训练椅上，支撑身体。双腿平行向前伸直，脚背绷直，双脚略向内扣，保持身体平稳。

❌ 错误动作

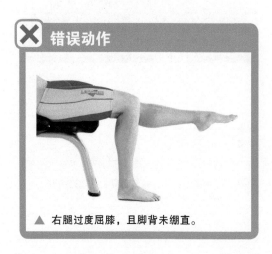

▲ 右腿过度屈膝，且脚背未绷直。

腿向上摆时尽量不要过于用力。在打腿时，脚踝很容易用力过度。可以把大腿到脚尖想象成一条鞭子，有意识轻柔地向上踢。

下压

髋关节发力，左腿大腿带动小腿呈鞭状做上打水动作，同时右腿大腿带动小腿直腿下压，做下打水动作。

左腿完全伸直时，开始转入下打水。髋关节发力，右腿同时进行上打水。如此交替进行上下打水练习。

知识点 💡

上打水

腿部陆上练习和前面的自由泳"陆上腿部动作"看似相同，但在仰泳中，上打水有产生推进力的作用。在做上打水动作时，要注意打水幅度要大于自由泳的打水幅度。大腿接近水面而不能露出水面，脚尖只是略微出水。注意不要用力过度。要有意识地去做向上踢腿的动作。

两臂于体侧打腿练习

两臂于体侧打腿练习动作是在不使用双手的情况下，依靠肌肉感受腿部的打腿动作。仰泳打腿分为上踢和下压两部分。上踢动作可以产生推进力，下压动作可以使身体产生向上的力。

扫码看视频

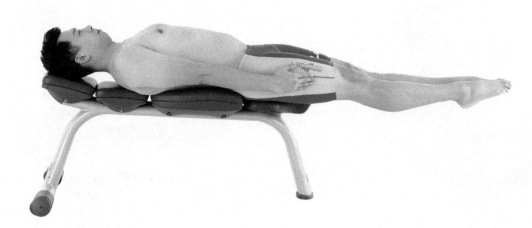

身体在训练椅上呈仰卧姿势，双臂伸直贴紧身体两侧，双腿平行伸直，脚背绷直，脚尖稍内扣，保持身体平稳。

向上打水

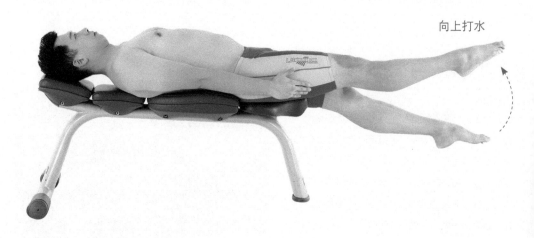

左腿完全伸直时，开始转入下打水。髋关节发力，右腿同时进行上打水。陆上练习时注意上踢幅度，以水下膝部不露出水面的幅度为准。双腿交替进行上下打水。

知识点

放松脚踝

打腿时，脚踝的动作就像是用脚轻踢浴池中冒出的水泡。脚背可不伸直，放松脚踝，水的阻力自然会使膝关节弯曲。如果过于用力，腿部的动作会妨碍身体的摆动。

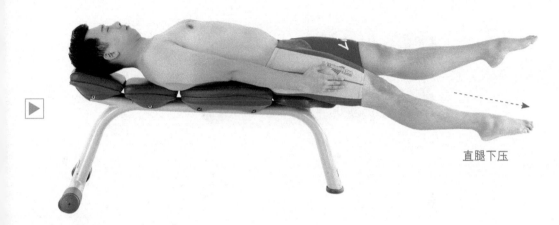

直腿下压

髋关节发力，左腿大腿带动小腿上摆，做上打水动作。同时右腿大腿带动小腿下摆，做下打水动作，踝关节伸展但保持放松。

❌ 错误动作

▲ 膝部不能过度弯曲，且不能上抬过高，否则会使膝关节露出水面，影响游进速度。

✿ 小提示

双腿在打腿时不必过于用力，柔软地打腿会增大摆动的幅度，因此不用特意加大幅度。在非常放松的状态下，受到水的阻力，膝关节会自然弯曲，伸展脚踝。如果有意地加大腿部摆动的幅度，肌肉会更加用力。腿部肌肉如果用力过度，会带动髋关节一起用力，这样会使腿部的动作僵硬。髋关节如果不能灵活运动，动作将失去节奏感。

侧身打腿

侧身打腿动作能够帮助初学者改善仰泳时的身体姿态，还能够锻炼身体的控制能力，以保持正确的流线型姿势。

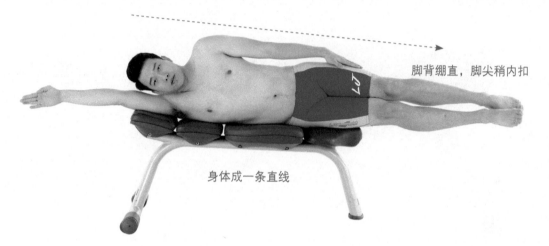

脚背绷直，脚尖稍内扣

身体成一条直线

身体在训练椅上呈侧卧姿势，右臂向上伸直举过头顶，掌心朝前。左臂紧贴身体左侧，双腿并拢伸直，脚背绷直，脚尖稍内扣。

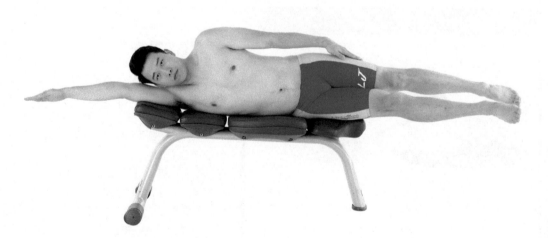

膝关节伸直，脚背绷直，大腿停止发力。右腿向后收，左腿向前收，回到起始姿势，准备换腿打腿。

小提示

在做前踢动作时，脚部向内旋转，利用躯干使大腿发力，带动小腿和脚部呈鞭状打腿，依次向上做踢水的动作。此动作过程中，膝关节逐渐伸直。

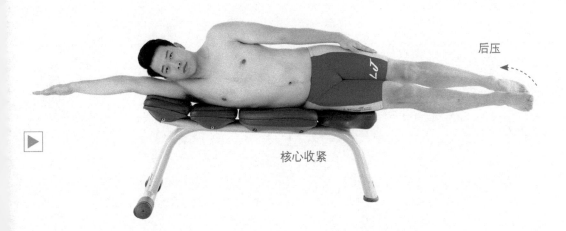

后压

核心收紧

右手外旋，掌心朝下。髋关节发力，右腿大腿带动小腿前踢，同时左腿大腿带动小腿后压。

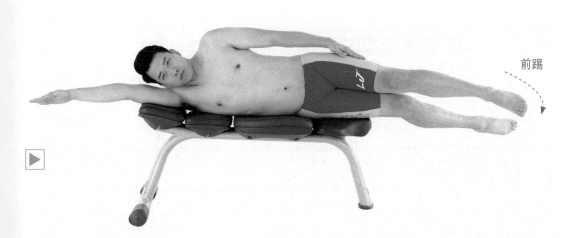

前踢

双腿平行后，左腿大腿带动小腿前踢，同时右腿大腿带动小腿后压。注意前踢幅度，以水下膝部不露出水面的幅度为准。双腿交替打水。

仰卧打水练习

仰卧打水练习时是在徒手仰卧打水过程中加入转体动作的练习。练习者可通过练习掌握转体与腿部动作的配合节奏，提高身体的转动能力。

扫码看视频

身体呈仰卧姿势漂浮于水面，双臂放于身体两侧，双腿向左侧打水，保证头部平稳，同时右肩向下巴方向转动，右髋跟随转动。

❌ 错误动作

▲ 踢腿动作过度，腿部屈膝、向下踢水的幅度过大。

➕ 小提示

注意此练习过程中，向左右两侧转动身体，不是扭转身体，而是有意识地让肩部下降，让肩膀的动作带动手臂的划水动作，身体就能自然地转动。身体转动与腿部动作相配合，当一侧腿部下压、另一侧腿部上踢时，身体转向上踢腿一侧。身体的转动如果配合上划水的动作，可以使手臂的动作幅度更大，让抱水的效果更明显。

知识点

以身体中心为轴，不要偏移

在打水过程中，身体左右转动时，重要的是身体的轴心不要偏移。身体扭转会让轴心弯曲，导致不能笔直地前进。

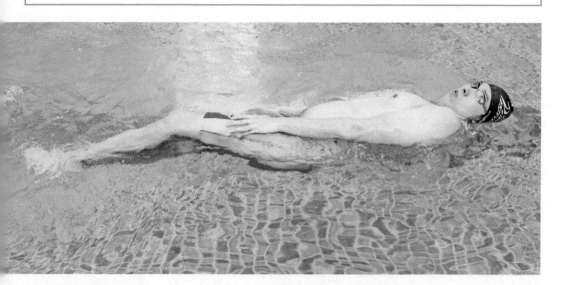

双腿向右侧打水，保持头部平稳，同时左肩向下巴方向转动，左髋也跟随转动。

身体向右转动

重复动作，保持身体稳定，均匀呼吸。身体随着腿部的打水动作，向左右两侧转动。

仰泳换气要点

仰泳的呼吸动作是比较容易掌握的，因为在游进过程中，面部始终是保持在水面上的。难点在于呼吸的节奏，以及与手臂划水的配合时机。

▶ 配合入水练习换气

与其他三种泳姿不同的是，仰泳是面向上方的泳姿，所以容易出现用嘴呼气的错误。要记住用嘴吸气，用鼻子呼气。

仰泳的呼吸是与入水动作相配合的。例如，在左手入水时吸气，则右手入水时呼气。如果手臂在面部上方时就吸气，很可能让水进入鼻腔内，导致呛水。如果在手臂入水时吸气，此时身体处于朝上的状态，水花较少。

▶ 用嘴吸气，用鼻子呼气

仰泳正确的呼吸方法是在入水时张开嘴吸气，之后闭上嘴憋气，配合着手臂入水的动作，用鼻子呼气。有节奏地进行吸气、憋气、呼气这三个动作的循环，保持均匀呼吸，换气过程中注意不要用嘴呼气。

✿ 小提示

初学者在练习仰泳呼吸时，可以在陆地上用手轻轻捏住鼻子，进行吸气、憋气、呼气的呼吸练习；在掌握呼吸的节奏后，进入水中进行呼吸练习。

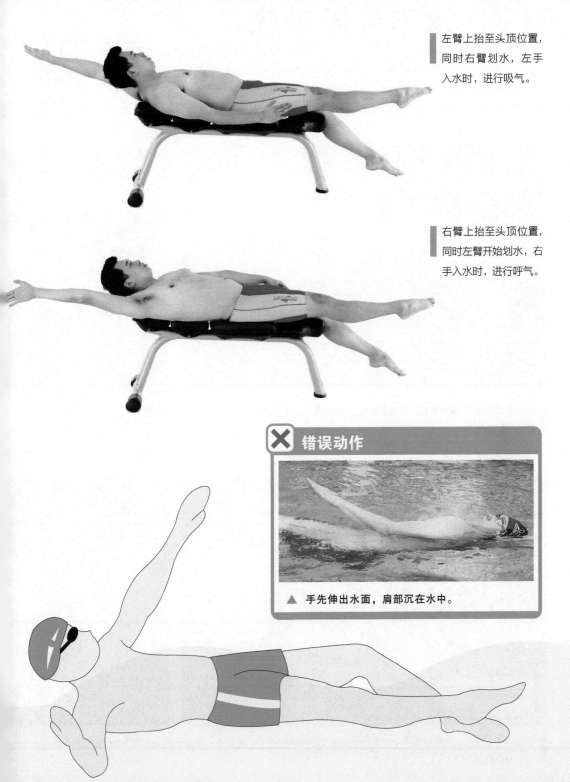

左臂上抬至头顶位置，同时右臂划水，左手入水时，进行吸气。

右臂上抬至头顶位置，同时左臂开始划水，右手入水时，进行呼气。

❌ 错误动作

▲ 手先伸出水面，肩部沉在水中。

95

水下完整动作

观察仰泳在水下完整的动作，深入体会手臂、肩部、头部、髋部、腿部、脚部等的技术动作以及发生的变化，牢记仰泳各个动作之间如何紧密配合。

扫码看视频

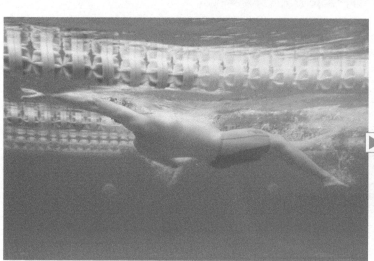

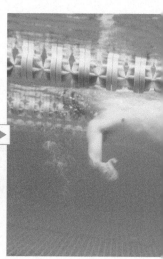

身体在水面上呈仰卧姿势，右臂上抬至头顶位置，从小指开始入水。左臂下划至体侧。髋关节发力，左腿向上打水，右腿向下打水。

左臂入水前伸

左臂入水后前伸，右臂利用掌心压水的反作用力和身体的转动迅速出水。右臂完成出水动作后在空中向前移臂，同时身体略微左转。

💠 小提示

手臂的出水和移臂与身体的转动密切相关。当手臂出水时，身体转向另一侧；当在空中移臂时，身体又转向移臂的一侧。

右臂划至髋部

右臂入水后，向右转肩，掌心向下压水，然后屈肘下划，同时带动上身略微右转。左臂出水，在空中向前移臂。

右臂下划至髋部，直至手臂伸直。左臂前移越过头部后，手掌转向外侧准备入水，双腿交替打水。

右臂出水后保持伸直向前移动。左手掌心压水，左臂屈肘下划，双腿交替打水。

右臂越过头部后，手掌转向外侧入水，左臂下划，完成一个动作循环。

单臂或双臂交替

扫码看视频

　　练习者通过单臂或双臂交替练习，可以感受手臂与腿部配合运动，体会身体在水中呈波浪式起伏的动作技术。

双腿自然分开，站在瑜伽垫上，双臂向上伸直，举过头顶，掌心朝前。目视前方。

右臂保持不动，左臂做下划水动作。同时左腿向后摆动，脚尖点地。

下划

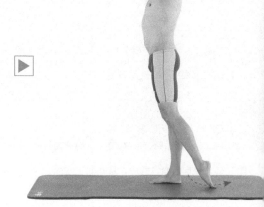

左臂从体侧向身体左后方抬起，同时左腿向后打水。

左臂从身体左后方绕向头顶

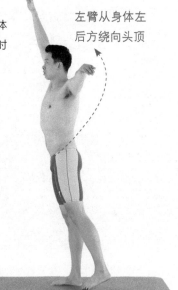

左臂继续抬起绕向头顶，同时左腿随之向前屈膝打水。

知识点

双臂放松，更利于肩部大幅度摆动

如果双臂入水点的直线距离比双肩还宽，往往是因为手臂的动作过于僵硬。游泳时注意不要转动双臂，而是要转动肩部，放松双臂，通过大幅度转动肩胛骨，带动双臂转动。

左臂继续下划至体侧，同时向左转体，左腿保持前后摆动，做打水的动作。

左腿不间断地前后摆动

左臂向前移动至与右臂平行。左腿一直随着手臂的移动前后摆动，做打水的动作。

小提示

划水时转动的不是手臂，而是肩部。如果将注意力集中在肩胛骨的动作，手臂也会随之而动。游泳时不必像做展翅飞翔的动作一样，没有必要将手臂和手腕伸得笔直。如果做动作容易紧张，可以在手臂恢复原位时尽量放松手腕，这样整个臂部的动作都会显得更加轻松。

✖ 错误动作

▲ 手臂出水时抬起过高，应保持在大约与肩部平行的位置，使双臂在身体两侧沿低平的抛物线向前摆动。

蝶泳手部动作

蝶泳的整个游进过程中，主要由手部动作产生推进力。手部动作可分为入水、抱水、划水、出水、空中移臂等部分。

扫码看视频

知识点

入水动作

蝶泳的入水动作是整个划水动作的开始，由于动作幅度较大，所以入水时应尽量轻柔，避免产生较大的波浪形成阻力。

双脚与肩同宽，站立在瑜伽垫上，双臂向前伸直，掌心朝下，低头面向下方。

✕ 错误动作

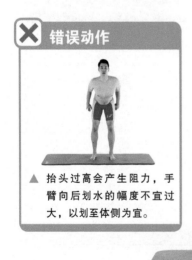

▲ 抬头过高会产生阻力，手臂向后划水的幅度不宜过大，以划至体侧为宜。

将手臂内旋，掌心由向内转为向上。双臂向后方划动，逐渐伸肘、伸腕，当手掌划至大腿两侧时，划水动作结束。

💠 小提示

两手入水点的直线距离如果太宽，会导致划水的路径缩短，不能产生足够的推进力。在划水阶段，双臂划至身体下方时，两手靠得越近，产生的推进力就越大。

下划水

双臂屈肘，在两肩的延长线上，手掌向下划水。

双臂继续下划至肘关节弯曲 90~100 度，此时两手之间的距离最近。

出水移臂

沿低平的抛物线前摆双臂

以肩部带动手臂提肘出水。出水时掌心朝后，小指先出水，减小出水时的阻力。

同样在肩的带动下，双臂在身体两侧沿低平的抛物线向前摆动至头部前方。重复以上动作。

站立蝶泳腿部模拟练习

扫码看视频

练习者可通过站立蝶泳腿部模拟练习，体会水中躯干的波浪动作带动腿部打水的感觉，根据发力点的位置，使身体的肌肉力量、协调性和柔韧性相配合。

▌双腿并拢，站在瑜伽垫上。双臂向上伸直，举过头顶，右手与左手交叉相叠，上身前倾。

前倾

▌上身后移，回到直立位，保持身体稳定，背部平直。

直立

▌双腿屈膝，同时脚尖踮起，运用躯干的力量带动腿部，将重心后移。

▌保持脚尖着地，身体重心落在髋部，回到中间位置，上身前倾。

✦ 小提示

练习时，注意感受髋关节发力，依次带动大腿、小腿运动。运动的速度不要过快，认真体会动作要领，掌握好节奏。

髋关节发力，带动大腿、小腿做波浪动作。身体后倾，双脚脚尖微微踮起。

后倾

▶

双腿伸直，重心前移。随着下身的波浪动作，上身也要做相应动作，这样整个身体的动作才能协调一致。

▶

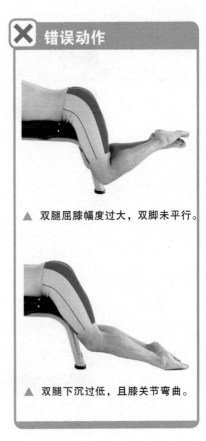

✖ 错误动作

▲ 双腿屈膝幅度过大，双脚未平行。

▲ 双腿下沉过低，且膝关节弯曲。

💡 知识点

减小腰部摆动幅度

如果腰部摆动幅度过大，会影响手脚的动作，动作会变得僵硬，水的阻力也会增大；不仅身体容易疲劳，而且会影响游进的速度。

蝶泳腿部动作

扫码看视频

蝶泳中，双腿同时呈鞭状打水的方式与海豚用尾鳍打水的方式相像，所以蝶泳的打腿动作也称为海豚式打水。这种海豚式打水动作要求练习者具有较好的柔韧性和较强的爆发力。

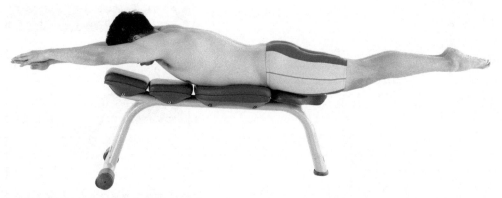

身体在训练椅上呈俯卧姿势，双臂向前伸直，左手搭在右手上。双腿平行向后伸直，脚背绷直。

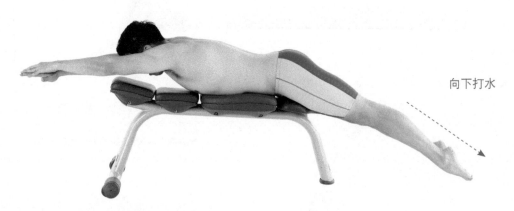

向下打水

膝关节随着大腿下压，小腿随大腿加速向下方打水，双脚位于最低点。

◆◆ 小提示

在打腿的过程中，不要破坏身体的流线型姿势。打水动作是依靠躯干的整体运动形成较小的波浪起伏实现的。

知识点

上打水

上打水动作是由整个躯干形成波浪形态所产生的惯性带动进行的。上打水动作基本不产生推进力，其主要产生向上的力维持身体的平衡。

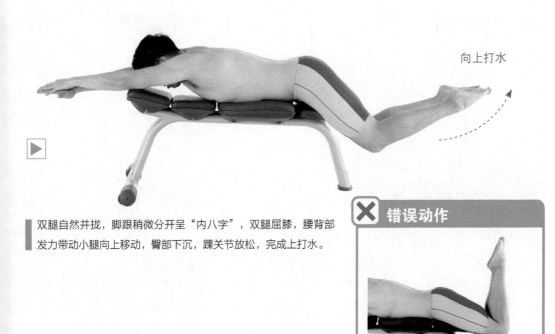

向上打水

双腿自然并拢，脚跟稍微分开呈"内八字"，双腿屈膝，腰背部发力带动小腿向上移动，臀部下沉，踝关节放松，完成上打水。

✖ 错误动作

▲ 双脚上抬过高，超过水面位置。

大腿与躯干在同一水平线上

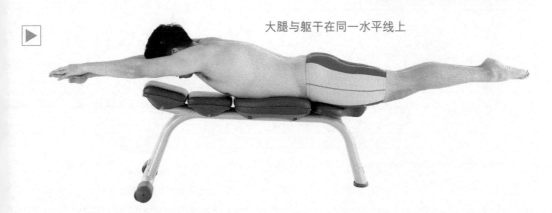

在下打水的动作尚未结束时，大腿开始向上移动，在膝关节完全伸直时，向下打水的动作结束。将大腿上移到与躯干平行的位置。重复进行上下打水动作。

水中垂直打水

　　水中垂直打水练习可以有效地帮助初学者体会蝶泳中躯干带动打水的速度和力量，逐渐提升对躯干的控制能力。

小腿弯曲至水平

站在泳池中，双手在胸前抱紧浮板。运用躯干的力量带动小腿向后弯曲，使身体直立漂浮于水中，头部浮出水面，进行呼吸。

✦✦ 小提示

打水时髋关节发力，身体保持竖直状态，避免前倾或后仰。打水动作快速有力，肩膀保持在水面上。熟练掌握动作后，可以循序渐进地提升动作难度。

身体重心后移，同时双腿向前伸直。注意保持身体平稳，重复进行上下打水动作。

知识点

借助道具

水中垂直打水练习适合初学者，在开始阶段，如果无法正常地运用躯干力量控制腿部，可以佩戴脚蹼进行练习。脚蹼宽大的面积可以提供很大的推进力。

❌ 错误动作

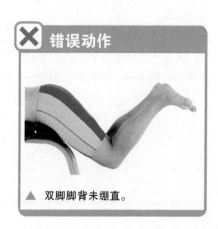

▲ 双脚脚背未绷直。

徒手打水

徒手打水练习能让练习者练习躯干的波浪动作，让身体打水的姿态更接近于真正蝶泳的状态，加强身体的控制能力。

借助脚蹬池壁或蹬池底获得推进力，身体呈俯卧流线型姿势向前滑行。双臂前伸，在头部两侧夹住头部，左手叠在右手上，双腿向后伸直。身体自然放松，运用腰腹部力量保持身体的平稳。

双腿向下打水

膝关节随着大腿下压，小腿随着大腿加速向下方打水，双脚脚背绷直。

知识点

换气时抬头不要过高

在呼吸时，头部随身体起伏自然地露出水面，进行换气。但注意抬头不要过高，否则会破坏身体的姿势，增大水的阻力，影响游进速度。

双腿向上打水

双腿屈膝，腰背部发力带动小腿向上移动，臀部下沉，踝关节放松，完成上打水。

在下打水动作尚未结束时，大腿向上移动，膝关节完全伸直时，下打水动作结束。重复进行上下打水动作。

蝶泳换气要点

蝶泳的换气方式是手臂外划和内划时产生的升力使身体呈波浪起伏后，头部露出水面进行吸气，然后随着空中移臂迅速低头，减小抬头对身体稳定性的影响。

▶ 呼吸与划水配合

呼吸与划水的配合是蝶泳换气的关键技术。蝶泳过程中，在双臂向后推水时抬起下颌吸气，与蛙泳动作相似。尽量做到自然呼吸，不要挺胸仰头。呼吸时要与双臂动作协调配合，推水时抬起下颌吸气，移臂时低头呼气，保持身体平稳。

蝶泳是在手臂结束向内划水时，头部露出水面吸气，移臂时头部入水。注意要在手臂出水前吸气，在手臂入水前头部入水呼气。

▶ 掌握呼吸时机

初学者在练习时要掌握头部出水和入水的时机，要在头部出水的瞬间迅速完成吸气。如果头部入水过慢，来不及收紧下颌，会导致面部直接入水，有可能引发呛水。

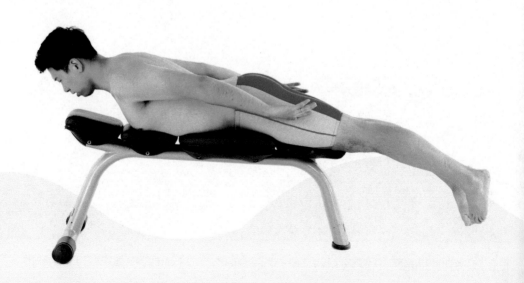

双臂入水后，掌心朝斜下方外划，向怀内抱水。此时面部没入水中，进行呼气。抱水时双腿屈膝，为下一次打水做准备。

❌ 错误动作

▲ 手臂后划至身体两侧时，双腿应下打腿。

🌸 小提示

初学者在学习蝶泳时不容易掌握呼吸的方法。这时可以保持单臂前伸的动作，另一侧手臂进行划水练习，这样更容易进行呼吸练习。练习时，不用过多地考虑呼吸，尽量掌握手脚配合的时机。

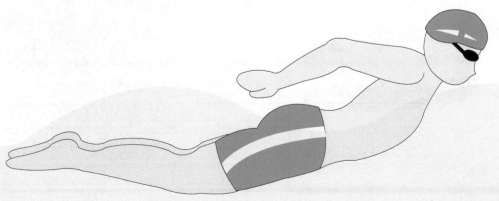

站立划水配合呼吸

站立划水配合呼吸练习有助于练习者在水中划臂的过程中，初步掌握划水的路径；通过配合呼吸，掌握手臂与呼吸的配合时机，体会蝶泳中进行划水动作时形成的阻力。

扫码看视频

身体站于泳池中，向前俯身低头，双臂在肩部延长线上向前伸直，掌心朝下。

双臂屈肘，掌心由向下转为向内，进行内划，头部随之上移。

双臂下划至大腿两侧，同时头部浮出水面，吸气。

✕ 错误动作

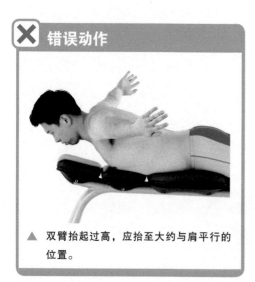

▲ 双臂抬起过高，应抬至大约与肩平行的位置。

在肩的带动下，两臂在身体两侧沿低平的抛物线向前摆动，加速向内划水。

小提示

此练习只适合在浅水池中进行，可先以站立姿势练习。在熟练掌握动作后，逐渐加上向前迈步的动作，这样在划水时，身体向前移动的姿态会使练习者感到通过划水产生的推进力。

肩部提拉手臂出水

双臂继续划至身体后方，逐渐伸肘、伸腕。以肩部带动手臂提肘出水。出水时掌心朝后，小指先出水，减小出水的阻力。头部向下准备入水。

双臂在空中移至头部前方，头部再次进入水中，呼气。随着下一次外划，头部又逐渐抬起。以站立姿态循环做划水配合呼吸的练习。

水下完整动作

观察蝶泳在水下完整的动作，深入体会手臂、肩部、头部、髋部、腿部、脚部等的技术动作以及发生的变化，牢记蝶泳动作各个部分与呼吸之间如何紧密配合。

扫码看视频

深吸一口气，收下颌，头部没入水中。以肩部为轴，双臂在两肩的延长线上，拇指先入水，同时髋关节发力，双腿屈膝，带动小腿向上移动。

双臂屈肘内划

双臂屈肘，掌心由向下转为向内，进行内划。下划至肘关节弯曲 90~100 度，此时两手之间的距离最近。双腿屈膝，准备向上打水。

知识点

控制身体用力程度

蝶泳相比蛙泳难度较大，注意身体不要用力过度，防止肌肉僵硬、动作不流畅。要张弛有度地进行蝶泳动作。

小提示

蝶泳游进过程中，注意下颌不要前伸，否则容易导致头部不能顺利入水，身体也不能做出蝶泳流畅的起伏动作。

❌ 错误动作

▲ 出水时肘部弯曲幅度过大。

手臂入水后，尽可能沿水面向前伸肩、伸臂，双手稍内旋使手掌外翻，向外、向下移动。膝关节随着大腿下压，加速向下方打水。

双臂继续划至身体后方，逐渐伸肘、伸腕。以肩部带动手臂提肘出水，同时双腿进行第二次打水。头部出水，吸气。

在肩的带动下，两臂在身体两侧沿低平的抛物线向前摆动至头部前方。随着双臂入水，头部再次进入水中，双腿配合打水。

第4章
其他必要技术

　　游泳除了常用的 4 种泳姿，还有一些其他必要技术，如出发、转身与终点技术，在比赛时，这些技术可能会影响最终的比赛成绩。特殊的救生技术有助于在发生溺水等危险情况时正确地应对，保证自身安全。

团身式准备姿势

团身式准备姿势的特点是屈膝程度较大，双手抓住出发台前沿，控制身体重心稳定。这是能够缓解心理紧张的准备姿势。

扫码看视频

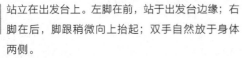

站立在出发台上。左脚在前，站于出发台边缘；右脚在后，脚跟稍微向上抬起；双手自然放于身体两侧。

当听到裁判发令后，弯腰团身，双手抓住出发台的前沿，双腿屈膝，重心落于左脚上。

知识点

抓台式出发

该出发姿势将田径的起跑姿势与抓台式出发技术相结合。双腿屈膝，双手抓住出发台前沿，身体重心降低，能充分发挥运动员的爆发力。

小提示

在游泳比赛中，当裁判喊到预备口令时，运动员身体的重心就应该前移，以便更迅速地出发，注意手臂抓台时保持身体平衡。运动员应充分利用伸髋和蹬台形成较强的冲力，从而跃得更快、更远。

重心在前准备姿势

重心在前准备姿势与团身式准备姿势相似，不同的是练习者站在泳池边，双手抓住泳池边缘，控制身体重心前移，提高出发的速度。

扫码看视频

身体站立在池边。左脚在前，站于泳池边缘；右脚在后，脚尖点地；双手自然放于身体两侧。

听到裁判发令后，上身前俯，双手抓住泳池的边缘，双腿屈膝，臀部和身体重心向前下方移动。

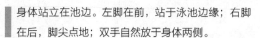

✗ 错误动作

◀ 重心在后的准备姿势是错误的，臀部后移，使身体重心向后，会导致双臂后拉，后脚脚跟着地。这会影响运动员的出发速度。若运动员蹬离池边时身体不能充分伸展，会增大身体入水时产生的阻力，影响最终成绩。

抓台式出发

抓台式出发是一种以双手抓住出发台前沿，利用双臂拉台稳定身体重心和提供起跳时所需的动量的出发技术。

扫码看视频

听到裁判发令后，走上出发台。双脚分开，站在出发台前沿。双腿屈膝，上身前俯，双手伸直抓住出发台前沿，保持身体稳定。

身体保持向前移动，双臂随重心前移向前摆动。随着手臂的摆动，双腿伸直，双脚蹬离出发台。

⊕ 小提示

在练习时，要注意拉台动作的时机和节奏，利用手臂拉台保持身体的平衡。听到裁判发令后，要立即做出反应，整个动作快速连贯。

身体重心前移

听到出发信号后，立即上拉手臂，使臀部和身体重心越过出发台前沿向前下方移动，此时应屈膝、屈髋。双臂略微屈肘。

双脚蹬离出发台后，手臂迅速向前向下伸直，头部也跟随手臂向下方移动。身体尽量保持舒展，将双脚并拢，准备以流线型的姿势入水。

摆臂式出发

摆臂式出发是出发技术之一，由于动作难度较低，常用于初学者。该出发姿势的支撑性较强，为起跳时两臂的摆动创造了良好的条件。

双臂向两侧伸展

知识点

上身的肌群放松

上身的肌群要适度放松，在准备起跳前，头部和躯干成一条直线或稍低头，以便起跳摆臂时迅速抬头，增强起跳的力量。

站立在池边。左脚在前，站于泳池边缘；右脚在后，脚跟向上抬起；双手自然放于身体两侧。

双臂向上抬起，掌心朝下。

双臂向前、向上进行体侧绕环，保持身体稳定。

双臂环绕整圈后向前方平举，并将头部夹于两臂之间。同时身体前倾，双腿屈膝，大腿与小腿的夹角为 165~170 度，降低身体重心。

小提示

在池边站立时，两脚的间距与肩同宽，前脚脚趾扣住泳池边缘，以便于双腿各关节和双脚的支撑点在彼此的平行面上。要把身体重心落在前脚脚掌上，控制在泳池边缘的上方。

蛙泳转身技术

4.2 转身技术

蛙泳通常是在接触池壁后运用摆动式动作转身，这种转身比较省力，是一种基础的转身方法。

扫码看视频

以蛙泳的泳姿游向池壁，判断自身与池壁的距离，接近池壁之前不要降低自身游进速度，利用冲力获得转动所需的动量。在快要到达池边时，双臂前伸，伸手去够池壁。

知识点

蹬壁技巧

两脚掌贴在水下的池壁上，双腿屈膝准备蹬壁。蹬壁时，双脚同时发力，同时将身体转动 45 度，回到正常体位。

吸气，然后将头部没入水中，双臂交叉相叠举过头顶。当身体完全没入水中后，身体呈侧卧姿态，双脚蹬住池壁。

小提示

触壁时，要用全手掌压池壁，随着惯性屈肘、屈膝团身，同时身体沿纵轴向左侧转动，在头部入水前吸气，双手离开池壁，在水中随着身体向左侧转动并逐渐向前伸。

最后一次蹬腿后，双臂前伸，双手在水下触壁。注意触壁是在蹬腿后，而不是在划臂后。

在触壁的瞬间，借助右手的推力转动身体，同时双腿屈膝，身体向池壁靠拢。

身体呈流线型
姿势滑行

双脚发力从池壁蹬离，身体尽量伸展，利用冲力呈流线型姿势滑出，在滑行过程中身体逐渐翻转调整为俯卧姿态。

自由泳转身技术

扫码看视频

　　在自由泳比赛中，规定转身时可以用身体任何部位触碰池壁，因此比赛中运动员一般采用翻滚式动作转身。

以自由泳的泳姿游向池壁，根据距离决定最后的划水次数，全身应开始紧张起来准备做转身动作，并进行翻滚前最后一次呼吸，双脚交替打水。

翻滚转身

随着头部继续向下，两手掌心转为朝下，向下方拨水，提臀收腹，使身体向前翻滚。当臀部越过头部时，身体绕纵轴转动，同时双腿屈膝加速翻转，在翻滚过程中，应保持微呼气，以避免鼻腔呛水。

知识点

保证游进和转身速度

如果游进的速度太慢，是很难转身的。翻滚转身时的速度也不能太慢，否则鼻孔容易吸水，导致呛水。

靠近池壁，准备
低头转身

继续向池边游去，观察池壁，调整距离，在接近池壁时，用惯用的手臂最后一次划水。

利用划臂获得的速度，将双臂放在身体两侧，低头压肩，两腿做海豚式打腿动作，帮助身体翻滚。

翻滚后，双脚触碰池壁，同时双臂交叉伸直举过头顶。用力蹬壁，使身体侧转。

双脚发力从池壁上蹬离，在滑行过程中，身体逐渐翻转调整为俯卧姿态。

仰泳转身技术

扫码看视频

在仰泳比赛中，转身的规则是身体的任何部位都可以触碰池壁，因此如今的比赛中，选手普遍采用翻滚式转身技术增加转身的速度。

以仰泳的泳姿游向池壁，通过身体左右转动，观察身体到池壁的距离。

在到达池壁还有两次划水的距离时，利用抱水的力量向一侧转肩，左臂出水做空中移臂，身体右转为侧卧姿势。

身体继续向右侧转动，呈俯卧姿态。双脚保持打水。

利用抱水的力量，低头压肩，两腿做海豚式打腿动作帮助身体翻滚。

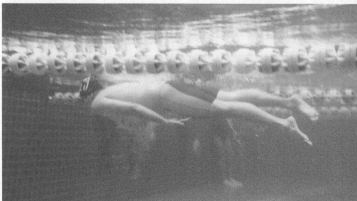

翻滚后，双脚触碰池壁，同时双臂交叉伸直举过头顶。

双脚发力从池壁上蹬离，利用海豚式打腿和划水动作将身体升至水面。当头露出水面后，立即以正常的游进速度进行仰泳动作。

知识点

延长憋气时间

翻滚转身需要较长的时间和较大的力量，因此在头部入水前要吸足气，从而延长憋气时间。

✦✦ 小提示

仰泳过程中，转成俯卧姿态后转身和翻滚动作与自由泳的转身动作基本相同，区别在于仰泳转身后继续保持仰卧姿态向前游。

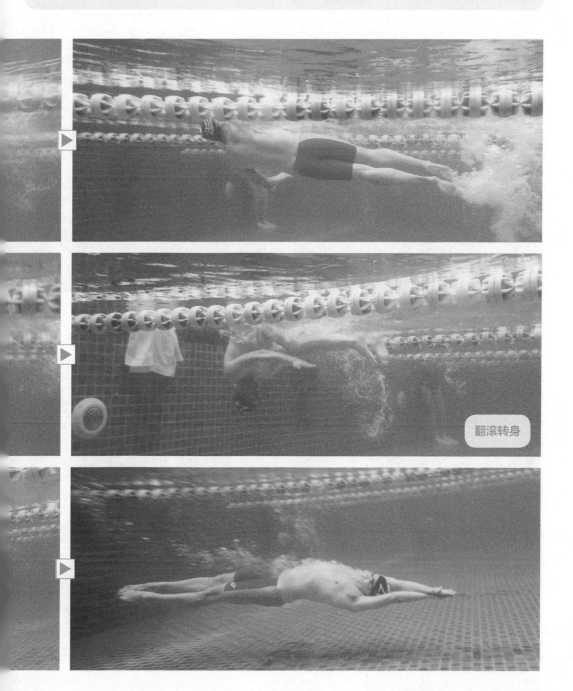

翻滚转身

蝶泳转身技术

扫码看视频

在蝶泳比赛中，手触壁的高度与蛙泳相同，所以运动员在蝶泳时，接近池壁后通常采用摆动式转身动作。转身后在水下以海豚式打腿动作推进。

以蝶泳的泳姿游向池壁，尽量使双臂在空中移动后触碰池壁。注意接近池壁前不要降低自身游进速度，要利用冲力获得转动所需的动量。

转身蹬壁

在触碰池壁的瞬间，借助右手的推力转动身体，左臂与头部向反方向摆动，直至身体入水。双腿屈膝，双脚蹬住池壁，身体向池壁靠拢，完成转身动作。

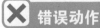 小提示

蝶泳的转身技术会用到身体多处肌肉，尤其是核心肌肉要保持紧张。各肌肉协调发力，由肩部带动完成转身。身体要像圆木一样完成转体，颈部、背部保持平直。

双手触碰池壁，双腿屈膝团身，同时身体沿纵轴向左侧转动，头部露出水面，吸气。左手离开池壁向左侧转动，并向前伸，右手推离池壁。

❌ 错误动作

▲ 转身时注意保持身体平衡，躯干在一条直线上，膝盖不能露出水面。

身体完全入水后呈侧卧姿势，双腿屈膝蓄力，为蹬池壁做准备。双臂屈肘上抬至头顶。

双臂交叉伸直举过头顶，双脚发力蹬离池壁，身体以流线型姿势滑出。滑行中，身体逐渐调整为俯卧姿态。

131

蛙泳终点技术

4.3 终点技术

在蛙泳比赛中，到达终点时，要求双手同时触壁；在接近终点时，加快手臂与腿部的划水动作，最后一次打水后使身体伸直，利用冲力到达终点。

扫码看视频

以蛙泳的泳姿游向终点时，最后几次手臂划水与换臂要加速进行，并用力打腿，不要使用海豚式打腿动作。

双臂向前伸直，双手同时触碰池壁。为减小阻力，双手触壁时的间距不要太大。面部留在水中，不要抬头，身体伸展开。

◆◆◆ **小提示**

蛙泳到达终点时，身体应呈水平姿态，与流线型姿势相近。这样不仅能省力，还能减小水对身体的阻力。注意双手要在水面、水上或水下同时触碰池壁。

自由泳终点技术

扫码看视频

在自由泳比赛中，到达终点时，可以使用一只手触壁；接近终点时增加手臂和腿部动作的交替速度，最后一次划水后一侧手臂向前伸直触碰池壁。

以自由泳的泳姿游向终点时，加快最后几次换臂的速度。一只手臂高高举起，迅速升到水面上；另一只手臂则在水下用力加速划水。此时大腿要用力连续多次打水。

手臂向前伸直，面部留在水中，触碰池壁时不要用手掌而要用指尖。

 知识点

到达终点前减少换气次数

即将到达终点时，加快手臂划动和打腿的速度。面部尽量留在水中，减少换气次数，因为抬头会影响手的触壁速度。

仰泳终点技术

在仰泳比赛中，到达终点时，可以使用一只手触壁。由于仰卧于水中，看不见前面的池壁，可根据旁边的旗子来计算到达池壁所需的划水次数，最后加速游向终点。

扫码看视频

以仰泳的泳姿游向终点时，根据泳池一侧的旗子判断何时到达终点，加快手臂划水与双脚打水速度。

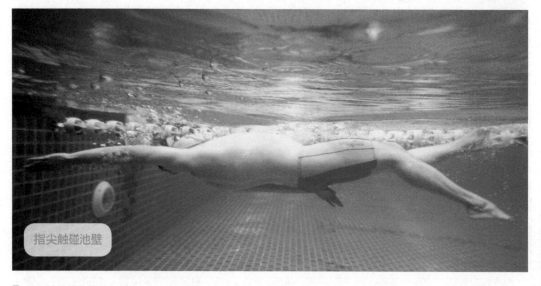

指尖触碰池壁

用不触壁的手臂用力划水，另一手臂向头顶上方伸直，伸展身体，用指尖触碰池壁。比赛中，池壁该位置为终点计时板，运动员可快速推压终点计时板记录个人成绩。

蝶泳终点技术

扫码看视频

蝶泳终点技术与蛙泳终点技术相同，要求双手同时触碰池壁。在接近终点时，双腿打水要倾尽全力，最后一次划水后两臂向前伸直触碰池壁。

以蝶泳的泳姿游向终点时，在接近终点时手臂的划水动作要加速进行，双腿也要用力且连续多次打水。

身体尽力向前方游动，身体伸展，不要抬头，手臂向前伸直，以减小阻力，双手同时触碰池壁。

 小提示

在终点触碰池壁时，往往有人急于追求速度而忽视了手的位置。注意蛙泳和蝶泳比赛到达终点时必须双手同时触池壁，而自由泳和仰泳比赛到达终点时运动员可以只用一只手触碰池壁。

头朝下潜深法

头朝下潜深法是身体在水下不做呼吸进行游泳的一种技术。练习者在潜入水下时是面对池底的，下潜的速度会更快，也更加节省体力。

扫码看视频

入水前深吸一口气，双臂向后下方伸出，自下而上用力划水，并顺势低头，提臀、举腿，两臂伸直向下，利用腿的重力作用，使身体垂直向下潜入水中。

知识点

水对身体的阻力较小

头朝下潜水时，水主要冲击背部，总体对身体冲击较小，有利于更好地观察水下的情况。

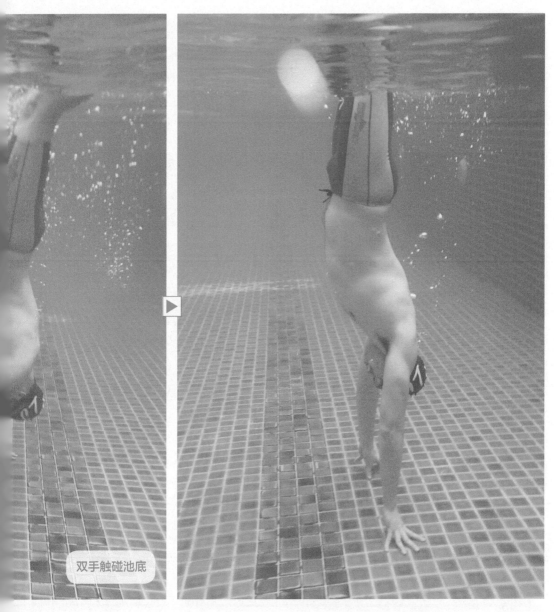

双手触碰池底

入水后，两臂做蛙泳划水动作，两腿向上做蛙泳的蹬夹水动作，增加下沉速度，使双手触碰池底。

双臂和双腿伸直，将身体伸展开。然后头部后收、团身、收腿，身体向前翻滚，使身体回到站立位。

137

两脚朝下潜深法

两脚朝下潜深法与头朝下潜深法相反，是双腿朝下，身体竖直进入水中，入水的深度比头朝下潜深的深度要深一些。该方法具有快速、准确的特点。

扫码看视频

双臂屈肘向下压水

入水前深吸一口气，入水后两臂做自上而下的拨水动作，以增加下沉的速度。

双臂前伸屈肘，用力向下压水，同时双腿屈膝，使双脚到达池底。

知识点

潜深的作用

潜深是在水下游进的一种游泳技术，即身体潜入水中，观察水下情况。潜深常用于营救溺水者和打捞水中沉物，以及建设水下工程等，具有很大的实用价值。

◆◆ 小提示

入水时要注意泳池的深度应达到跳水的标准。如果深度太浅，盲目地下潜是非常危险的，容易导致面部擦伤，严重时甚至会骨折。

潜到池底后，双腿屈膝蓄力，为蹬池底做准备，双臂向上伸展。

双腿做蛙泳的蹬夹水动作，使身体及腰部跃出水面。紧接着伸展身体，利用身体的重力使身体向下。

✖ 错误动作

◀ 双腿倾斜，会导致身体重心不稳，无法在水中保持身体稳定，容易发生危险。

水母漂

扫码看视频

由于在水面漂浮的姿势与水母相似，所以该动作取名水母漂。水母漂是利用漂浮原理进行自救的方式，可以节省体力，也是基本的自救方式之一。

站于泳池中，深吸一口气，面向下方，双手抱膝，双腿屈膝，使膝关节贴着胸部。头部进入水中后，双手和双脚向下自然伸直，与水面略垂直，就可以像水母一样在水面漂浮起来了。

知识点

放松身体

在练习水母漂时，身体要尽量放松，让身体尽可能多地浸入水中，以增加浮力。

十字漂

扫码看视频

十字漂是身体在水中以近乎直立的姿态，通过向两侧伸展双臂，保持身体平稳漂浮于水面的技术，常用于持物渡河、溺水者求生。

站在泳池中，双臂在身体两侧抬起，双腿自然下垂，漂浮于水面。

📖 其他角度

✖ 小提示

在水中游泳或不慎落水时，除了大声呼救外，还必须保持冷静，设法自救以应对无人施救的情况。溺水者可以利用十字漂在水中漂浮，节省体力，等待获救。

仰卧漂

仰卧漂是一种求生技能。如果在水中遇到麻烦，就可以用仰卧漂使身体在水面上平行地漂浮并且呼吸。

扫码看视频

站在泳池中，保持身体平稳。接着全身放松，头向后仰，双腿伸展，双臂交叉伸直举过头顶，吸气后憋气，仰面漂浮于水面。

其他角度

知识点

保持身体平衡

身体平躺于水中，腰腹收紧，如果腿部有向下沉的趋势，可以将髋部向水面上方顶起。这样有助于找到漂浮的感觉。

小腿抽筋的解决办法

抽筋指的就是肌肉痉挛，是肌肉发生不自主的强直收缩所表现出来的症状，通常是水温过低或是身体疲劳引起的。

扫码看视频

深吸一口气，使身体仰浮于水面，用双手握住抽筋腿的脚趾，屈膝向上抬腿，另一条腿踩水，帮助身体稳定上浮。

小提示

如果发生两手抽筋，应迅速握紧拳头，再用力伸直手指，反复多次，直至复原。如果发生上腹部肌肉抽筋，可仰卧于水中，把腿收向腹部，然后伸直，重复几次，直至复原。

双手握住脚趾用力上拉

双手握住抽筋腿的脚趾用力向上拉，使抽筋腿伸直，连续多次至抽筋腿恢复正常。上岸后对腿部进行按摩。

知识点

拉伸腿部肌群

在发生小腿抽筋且不能立即上岸时，双手握住抽筋腿的脚趾，向身体方向拉伸，帮助腿伸直。

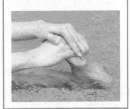

寻找漂浮物

当自身在水中，身体不适或者不熟悉水性即将溺水时，应保持冷静，寻找如救生圈、救生袋、救生枕、木板等漂浮物来求生。

首先要确定漂浮物是否稳定，然后双手抱紧漂浮物，腹部朝下，头朝前，身体借助漂浮物漂浮于水面上。可以用手臂和双腿打水控制方向，等待救援。

小提示

漂浮物可以延长救援时间，也可以让溺水者不会因为体力耗尽而沉底，还可以让救援人员更快地发现溺水者。在等待救援的过程中，要尽量保持情绪稳定，若过度紧张和慌乱，会使情况更严重。

其他角度

救生杆施救

救生杆用于营救溺水者，是游泳场所中必备的救生器材之一。直接靠近溺水者有随之溺水的危险，因此可以使用长度较长的救生杆在岸上实施救援。

施救者双脚前后分开，站在平稳的地面上，将救生杆递向溺水者，把溺水者拉向岸边。注意，使用救生杆施救时，要运用手臂的力量，将杆递向溺水者，不要出现捅或打的动作，避免误伤溺水者。

知识点

救生杆的使用

使用救生杆施救非常简单，技术难度低。

当有人溺水时，施救者无须下水，可以很快利用救生杆，把溺水者拉到岸边施救。

如果溺水者的位置超过救生杆的施救距离，可以向远处水面抛出与救生杆配套的救生绳进行营救。

投掷救生圈

　　救生圈是由自然浮力材料制成的圆环形救生工具，是供施救者抛入水中让落水者求生的常用救生器材之一，对于救助离岸边有一定距离的溺水者有很好的效果。

　　当发现有人溺水时，施救者解开救生圈上的投掷绳，一手抓紧绳索的一端，另一只手将救生圈向溺水者前方投掷。注意不要直接投向溺水者，防止砸伤溺水者。溺水者抓住救生圈后，施救者将其拖拽至岸边救起。

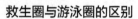

救生圈与游泳圈的区别

救生圈具有很多附属功能，起救生作用。游泳圈抗压性较差，容易破损漏气，表面的塑料材质遇水后较滑，难以抓握，只能在水上起到一定的辅助或保护作用，如果在水较深的区域则保护作用较小。

小提示

施救者在投掷救生圈时，可以将救生圈抛在溺水者的下游方向，以便溺水者抓住；也可以将救生圈的绳子固定在周围的栏杆上，用双手投掷救生圈。

第 5 章
热身与恢复

在游泳前做一些热身动作可使神经兴奋，有效地提升身体各部分的机能，从而提高运动效率，避免受伤。游泳后身体常会出现酸痛等症状，这是游泳后没有及时进行恢复训练导致的，有效的泳后恢复可以修复在游泳锻炼时对身体造成的损伤，让身体更加强壮。

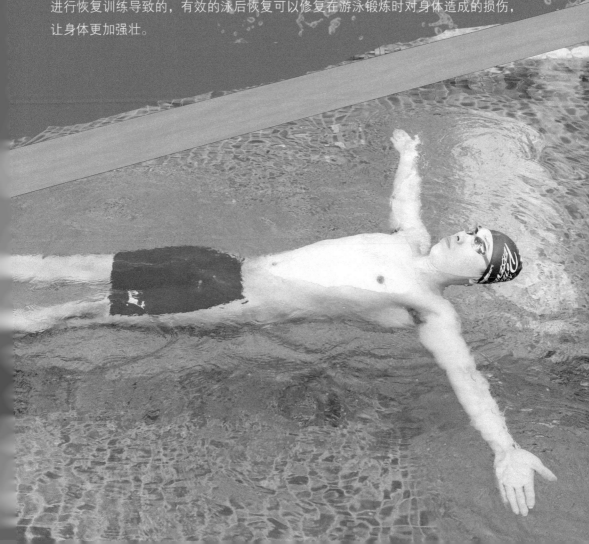

四向点头

四向点头通过颈椎的屈曲与伸展，可以激活颈部肌群，锻炼斜方肌和胸锁乳突肌的灵活性、稳定性。

扫码看视频

低头

仰头

身体正坐在椅子上，双腿自然分开，双手放在大腿上，目视前方。

保持背部挺直，向前低头。

头部向上方抬起，至面部朝上。

知识点

改善颈部不适

四向点头动作简单，可以放松颈部肌群，从而改善颈部不适，预防颈椎病，在日常生活中也可以练习。依次向前后左右点头，动作缓慢、流畅，保持颈部有轻度的牵拉感。注意保持背部挺直，牵拉力度不要过大，防止对颈椎造成过大压力。

✢ 小提示

运动过程中，颈部放松，尽量弯曲，充分拉伸颈部肌群。注意速度不要过快，放慢动作，感受肌肉的发力与收缩，全程保持均匀呼吸。

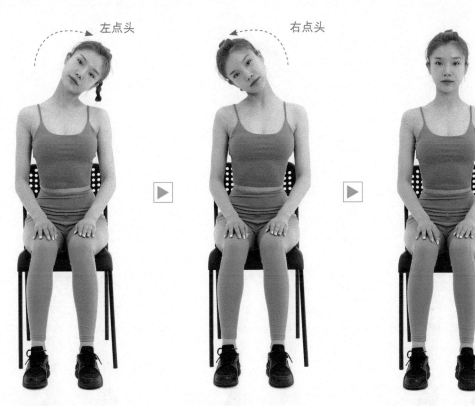

恢复到面部朝前，然后颈部向左弯曲点头。

颈部向右弯曲点头。

头部恢复起始动作。重复以上步骤至规定的次数。

◆ 其他角度

手臂环绕

手臂环绕动作通过肩关节、肘关节和腕关节的屈曲与伸展，锻炼肩部、小臂肌群的柔韧性和灵活性。手臂的灵活转动对游泳有很大的作用。

扫码看视频

双臂外旋

▌直立，双脚分开，与肩同宽站立，双手自然放于身体两侧。臀部收紧，挺胸抬头，目视前方。

▌双手上抬至胸前，手背相对，指尖朝下，两小臂成一条直线平行于地面。

▌小臂外旋，双臂由内向外翻转至身体正前方，双臂伸直，双手靠拢，掌心朝上。

✜ 小提示

注意手臂转动时，双手始终不分开，保持身体稳定，感受肘关节和腕关节的舒展和轻松感。

知识点

双臂灵活转动

重心平稳地落在双脚之间，保证臀部和腹部收紧，躯干挺直。运动时小臂的转动要灵活，充分活动肩部及手臂肌群，全程均匀呼吸。

双臂内旋

两小臂同时内旋，双臂向内翻转至胸前，呈步骤 2 的姿势。

双臂自然放下，回到起始动作。重复以上步骤至规定的次数。

🔊 其他角度

肩部画圈

肩部画圈通过肩关节环绕来锻炼肩部肌群的柔韧性和灵活性。练习时体会肩的灵活转动，充分激活肩部肌群。

扫码看视频

双肩向前转动

▌直立，双脚分开，与肩同宽，双手自然放于身体两侧。挺胸抬头，目视前方。

▌两侧肩部同时向前转动，手臂随之移动至大腿前方。

小提示

肩部画圈动作会前后拉伸肩关节，锻炼肩部肌群，稳定并保护肩关节，减少关节压力。在日常生活中进行练习，还能起到预防肩周炎的作用。

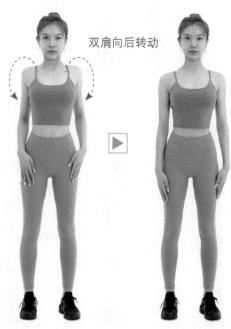

双肩向后转动

▌以肩关节为中心，两侧肩部同时向后缓慢转动360度，然后恢复起始动作。重复以上步骤至规定的次数。

胸部拉伸

扫码看视频

胸部拉伸动作通过肩胛骨的后缩与肩关节的外展锻炼胸大肌和三角肌，运动时肩关节向后展开，增强胸部肌群的柔韧性。

 ▶  ▶

双臂靠拢
拉伸胸部

直立，双脚分开，与肩同宽，双手自然放于身体两侧。挺胸抬头，目视前方。

双手叉腰，拇指在身体前侧，其他四指伸直按在臀部上方，肘关节自然指向身体斜后方。

肩关节向后展开，双臂肘关节渐渐靠拢，拉伸胸部前侧肌群，保持该姿势至规定时间。

🔶 其他角度

知识点 💡

增强胸部肌群的柔韧性

胸部拉伸可以舒展胸部肌群，增强肌肉的柔韧性，让肌肉变得更有弹性，缓解肌肉僵硬。练习时，感受胸部前侧肌群有中等强度的牵拉感。

153

坐姿过头拉伸

坐姿过头拉伸通过脊柱侧屈锻炼腹部和胸部肌肉的柔韧性。该动作有助于放松身体，缓解肌肉紧张。运动时保持脊柱在冠状面内运动。

扫码看视频

坐在瑜伽垫上，双腿屈膝自然放松，鞋底相对。背部挺直，左手撑于臀部后方，右手自然放于身前，目视前方。

双腿和左臂保持不动，右臂向上抬起，手臂屈肘举至头顶上方。

知识点

双脚鞋底相对

双脚鞋底贴在一起，保持身体平稳。

躯干向左侧弯曲

头部发力，带动躯干向左侧弯曲，做侧屈运动。恢复起始动作。换至对侧，重复规定的次数。

臀部动态拉伸

臀部动态拉伸通过髋关节和膝关节的屈曲与伸展锻炼臀部的臀大肌、臀中肌和臀小肌，增强臀部肌群的柔韧性。

扫码看视频

向上提拉
左腿

小提示

运动时保持呼吸节奏，注意抬腿时吸气，还原时呼气。

▌直立，双脚自然分开，双手自然放于身体两侧。挺胸抬头，目视前方。

▌左腿屈膝向上抬起，同时双手抱住左腿膝盖，重心落于右腿上。

▌双手将左腿向上提拉，同时右脚踮脚尖，感受臀部的牵拉感。

向上提拉
右腿

▌左腿收回落地，同时双手回到身体两侧，恢复起始动作。

▌右腿屈膝向上抬起，同时双手抱住右腿膝盖，重心落于左腿上。

▌双手将右腿向上提拉，同时左脚踮脚尖，感受臀部的牵拉感。恢复起始动作。换至对侧，重复规定的次数。

155

踝关节灵活性练习

踝关节灵活性练习通过髋关节的屈曲和踝关节的跖屈与背屈锻炼腿部的灵活性。踝关节具有较强的灵活性，有助于在游泳打腿时产生良好的推进力。

扫码看视频

向外旋转

直立，双脚略微分开，双腿伸直，臀部收紧，挺胸抬头，双手自然放于身体两侧，目视前方。

右腿向上抬起，重心落于左腿，保持身体稳定。接着踝关节发力，带动右脚向外旋转。

知识点

增强踝关节柔韧性

在游泳时，如果踝关节的柔韧性不好，受阻力的影响就较大，易导致腿部下沉。在练习时可以使用脚蹼，脚蹼不仅可以提供良好的支撑，改善技术，还可以在游泳中逐渐拉伸脚踝。

✦✦ 小提示

运动过程中躯干挺直，核心收紧，保持标准的身体姿势。重点体会踝关节的灵活转动，注意转动的速度不要过快，全程均匀呼吸。

向内旋转

右脚踝关节外旋后，向内做 360 度旋转。恢复起始动作。换至对侧，重复规定的次数。

✕ 错误动作

◀ 过度拉伸会导致脚踝和小腿受到伤害，因此不要强迫拉伸。如果踝关节或膝盖等部位疼痛或受伤，执意锻炼会对其造成负担。

后弓步转体

扫码看视频

　　后弓步可以锻炼下身肌群，加上转体动作，能使背部、肩部和腹部同时用力。后弓步转体是一个全身性的练习。

向右转体

✤✤ 小提示

后弓步要保持稳定，转体时呼气，还原时吸气。如果躯干牵拉感不强，可以增大转体幅度，到最大限度时略做停顿，深吸气。

▌直立，双脚分开与肩同宽，双手自然放于身体两侧。挺胸抬头，目视前方。

▌左腿向后撤一大步，双手扶住右腿膝关节，呈弓步姿势，同时身体向右侧转动。

💡 知识点

保持身体稳定

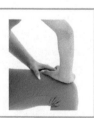

双手扶住膝关节，保持身体稳定。躯干向左右两侧转动时，不要侧偏。

向左转体

▌左腿收回，同时双手回到身体两侧，恢复起始动作。

▌右腿向后撤一大步，双手扶住左腿膝关节，同时身体向左侧转动。恢复起始动作。换至对侧，重复规定的次数。

开合跳

开合跳是一个增强全身力量与爆发力的动作，可以快速提高心率，激活身体肌群，让身体进入运动状态。

扫码看视频

双腿打开
向上跳起

▌ 直立，双脚分开，与肩同宽，双手自然放于身体两侧。挺胸抬头，目视前方。

▌ 微微屈膝屈髋，双腿打开，快速向上跳起，双臂向两侧抬起。

▌ 双手在头顶上方击掌，身体充分伸展。然后落地缓冲，恢复起始动作。重复规定的次数。

☁ 其他角度

⚙ 小提示

运动过程中，注意上下肢摆动要协调，蹬地快速有力，保持核心收紧、手臂伸直，身体充分伸展。落地缓冲时膝关节不能超过脚尖。

简易波比

简易波比是结合伏地挺身、平板支撑与垂直跳跃的多元素全身性训练动作，能在短时间内将全身激活，使身体进入运动状态。

双腿屈膝
半蹲

▌直立，双脚分开与肩同宽，双手自然放于身体两侧。挺胸抬头，目视前方。

▌向前俯身，同时双腿屈膝半蹲，双手撑垫。

▌双腿同时向后伸直，脚尖撑垫，身体呈平板支撑姿势。

◈ 其他角度

小提示

运动过程中，核心收紧，手撑地时，身体成一条直线。全程保持均匀呼吸。起跳时重心落在两脚之间，手臂伸直，利用核心力量向上跳，保持整个动作稳定连贯。

双脚向上
跳起

▎双腿屈膝屈髋，向前移动至胸前，呈半蹲姿势。

▎双手离开垫面，在头顶上方击掌，同时双脚用力跳起，使身体充分伸展。

▎落地缓冲，恢复起始动作。重复规定的次数。

知识点

提升动作难度

在熟练掌握动作后，可以提升动作难度，在平板支撑后加入俯卧撑的动作，不仅能锻炼上肢力量，还能更好地锻炼肢体的协调能力。

161

头部倾斜

5.2 恢复动作

在游泳时经常用到头部转动来帮助换气。头部倾斜动作通过颈椎侧屈锻炼颈部肌群，增强颈部的柔韧性。

扫码看视频

直立，双脚分开，与肩同宽，双手自然放于身体两侧。挺胸抬头，目视前方。

左手越过头顶扶住头部右侧，轻轻地将头部向左侧肩膀下拉，同时左臂屈肘，使目标肌肉有中等程度的牵拉感。恢复起始动作。换至对侧，重复规定的次数。

头部向左倾斜

其他角度

小提示

运动过程中，手臂发力要缓慢、持续，感受颈部肌群被拉伸的感觉。注意倾斜的幅度不要过大，如果出现疼痛要立即停止，防止出现损伤。

手臂交叉

手臂交叉通过肩关节水平屈曲锻炼肩部三角肌，增强肩部肌群的柔韧性，也可以预防肌肉劳损、减少受伤的可能。

扫码看视频

向身体左侧
拉伸手臂

直立，双脚分开与肩同宽，双手自然放于身体两侧。挺胸抬头，目视前方。

左臂屈肘，右臂伸直，两臂在胸前交叉，同时左臂夹住右臂小臂向身体左侧拉伸。恢复起始动作。换至对侧，重复规定的次数。

知识点

充分拉伸

我们在游泳后，可能会感到肩部和手臂有酸痛感，拉伸动作可以帮助我们恢复，拉伸时感受中等程度的牵拉感。如果不做拉伸动作或者拉伸不到位，不仅会引起肌肉拉伤，还会阻碍肌肉的生长和塑形。

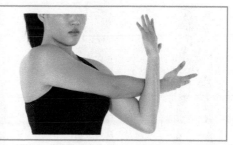

手臂后伸屈肘后推

手臂后伸屈肘后推，通过肘关节和肩关节的屈曲锻炼手臂的肱三头肌，增强手臂肌群的柔韧性。运动时手臂要缓慢、持续地发力。

扫码看视频

左手向后推右臂

直立，双脚分开，与肩同宽，双手自然放于身体两侧。挺胸抬头，目视前方。

右臂上抬，屈肘将手放于两侧肩胛骨之间。

左手后推右臂，使右臂目标肌肉有中等程度的牵拉感。恢复起始动作。换至对侧，重复规定的次数。

其他角度

小提示

对于游泳运动员来说，手臂的柔韧性非常重要，游泳时手臂的扭转能够稳定身体。因此在游泳运动后做拉伸动作是非常有必要的。

坐式向前屈身

扫码看视频

坐式向前屈身指通过脊柱的屈曲，锻炼腰部、髋部等部位的关节、肌肉和韧带的伸展性，从而增强背部肌群的柔韧性。

小提示

在游泳运动后，进行恢复动作时不要用力过度，否则容易引起肌肉、韧带的拉伤或扭伤。向前屈伸时，下巴尽量靠近胸部，如果感到困难，可以循序渐进地进行，全程保持均匀呼吸。

呈坐姿，躯干挺直，双腿向两侧打开，双臂伸直置于大腿内侧，支撑身体，目视前方。

知识点

变式动作

在掌握坐式向前屈身后，可以进行直立向前屈身。练习者呈站姿，双脚并拢，挺胸抬头，上身慢慢前屈，同时双臂充分伸直尽力下伸。通过该练习可以增强关节的灵活性。

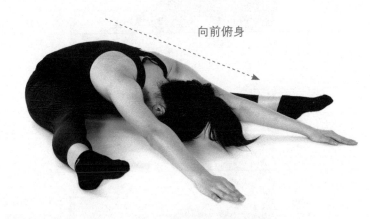

向前俯身

向前俯身，含胸低头靠近地面，双臂随之前伸，躯干降至目标肌肉有一定程度的牵拉感。恢复起始动作，重复规定的次数。

坐式扭转

扫码看视频

坐式扭转通过脊柱旋转，增强腰腹部的灵活性。这个姿势可以使背部得到充分的伸展，增强脊椎柔韧性。

小提示

此动作可以拉伸背部、肩部和颈部。对于脊椎僵硬的人来说，此动作具有一定难度，在初学的阶段可以慢慢尝试尽力做到。不要过于勉强自身，保持稳定的呼吸，将重心放在臀部。

▼

呈坐姿，双腿并拢前伸，双膝微屈，双臂稍外展，指尖触地，目视前方。

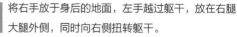

向右转体

将右手放于身后的地面，左手越过躯干，放在右腿大腿外侧，同时向右侧扭转躯干。

▼

左臂移回体侧，同时身体向左转动，恢复起始动作。换至对侧，重复规定的次数。

扶住跳箱伸展

扫码看视频

扶住跳箱伸展通过脊柱侧屈来锻炼腹部和背部的柔韧性，主要锻炼背阔肌、腹内斜肌和腹外斜肌。运动时双膝微屈，全程均匀呼吸。

身体向右侧倾斜

双脚前后分开站立，挺胸抬头，右手扶住跳箱，左手自然放于体侧，目视前方。

左手伸过头顶与右手一起扶住跳箱，同时身体向右侧弯曲至目标肌肉有一定程度的牵拉感。

知识点

提高身体稳定性

此动作可以使脊柱充分伸展，并锻炼肩部、手腕、腹部和臀部等部位；拉伸腹部肌群，有助于改善游泳时的姿势和增强平衡感。

慢慢起身恢复起始动作。换至对侧，重复规定的次数。

坐式 4 字体形

扫码看视频

坐式 4 字体形通过脊柱的屈曲锻炼臀部的臀大肌和梨状肌。运动时背部平直，拉伸背部、肩部和颈部有助于增强臀部肌群的柔韧性。

知识点

放松臀部肌群

在游泳后进行此动作，可以放松臀部肌群，减少运动中带来的损伤。

▎坐于地面，右腿向前伸直，左腿屈膝放于右腿大腿上，双臂伸直撑于身体两侧，指尖触地，身体呈 4 字形。

▼

向前俯身

▎向前俯身，将胸部向双腿方向移动至目标肌肉有一定程度的牵拉感。保持一定时间，然后恢复起始动作。换至对侧，重复规定的次数。

侧卧式屈膝

扫码看视频

在游泳运动中经常会用到腿部打水的动作，侧卧式屈膝通过膝关节的屈曲锻炼大腿的股四头肌，增强腿部肌群的柔韧性。

呈侧卧姿势，头部枕在左臂上，右手支撑于身体前方地面，保持身体稳定，双腿向后伸直，使身体成一条直线，双脚自然分开。

右腿向后屈膝

右腿向后屈膝，脚跟靠近臀部至目标肌肉有一定程度的牵拉感。保持一定时间，然后恢复起始动作。换至对侧，重复规定的次数。

小提示

在游泳后可以使用此动作来拉伸，放松腿部肌群。运动过程中保持核心收紧，运动速度不要过快，全程均匀呼吸。

单腿屈髋

单腿屈髋通过髋关节的屈曲锻炼大腿的腘绳肌，可以增强腿部肌群的柔韧性。在游泳后进行单腿屈髋练习可以减少损伤。

扫码看视频

向前俯身

| | 双脚并拢站立，双手自然放于身体两侧。挺胸抬头，目视前方。 | 左腿屈膝支撑于地面，右腿向前伸直，脚跟着地，双手放在左腿大腿上。 | 逐渐向前俯身至目标肌肉有一定程度的牵拉感。恢复起始动作。换至对侧，重复规定的次数。 |

其他角度

小提示

如果屈髋动作不正确，可能会导致腰部和双腿所承受的压力增大。运动过程中，注意头部不要过于后伸，向前俯身时保持背部平直，全程均匀呼吸。

脚跟按压

身体的柔韧性和灵活度对于游泳来说是非常重要的。小腿和脚部在打水时起到保持身体平衡的作用，练习脚跟按压动作，可增强小腿与脚部的柔韧性。

扫码看视频

双脚并拢站立，双手自然放于身体两侧。挺胸抬头，腹部收紧，目视前方。

右腿屈膝在前，左腿伸直在后，双手支撑在右腿大腿上。身体逐渐前倾至目标肌肉有一定程度的牵拉感。保持规定时间，然后恢复起始动作。换至对侧，重复规定的次数。

其他角度

知识点

灵活地打水

打水的要领是利用脚背、脚掌巧妙地抓水。尤其在上下打水时需要非常灵活，否则会影响打水的质量与游进速度。

第6章

损伤预防与康复

所有的运动，尤其是在超负荷训练时，都会对身体造成压力，游泳也不例外。压力越来越大，可能会导致身体损伤，所以在训练时了解这些压力的来源并有效地减小这些压力是很重要的。尽管如此，有些损伤还是不可避免的，这时就需要掌握这些损伤的康复步骤。

为什么游泳时肩部会出现疼痛

游泳时大臂需要充分旋转外展，由于受到水的阻力的影响，会对肩部产生压力。没有充分热身、错误的泳姿、超负荷的训练等都会让肩部承受很大的压力。

▶ 肩部功能受损

在游泳运动中，手臂上抬到头顶的高度时，会使肩部骨骼和大臂骨骼间的肩峰下间隙受到挤压。如果长时间重复做此动作，骨骼间的关节囊与肌腱压缩就会造成发炎与疼痛，导致肩部功能受损，患上夹击症候群。

无论使用哪种泳姿，游泳的时间过长和错误的姿势都会让肩部处于超负荷状态，肩部就会出现疼痛、活动受限等一系列不适，导致患上夹击症候群。夹击症候群也被称为游泳肩。

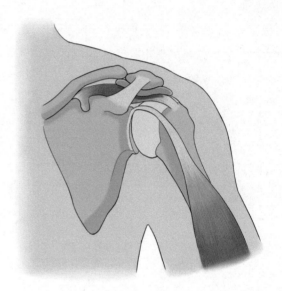

▶ 施加的负荷

训练强度也是造成肩部损伤的因素之一。训练强度越大，训练的负荷也就越大。找到训练量与训练强度之间的平衡点，保持在身体组织可以承受的安全区间。

当在一段时间内，所施加的负荷超过了身体组织的耐受限度时，肩部就会产生疼痛。很多游泳运动员疼痛时选择了默默忍受，这给游泳技术的进步造成了阻碍，也在整体上限制了其在游泳这项运动上的发展。疼痛使很多游泳运动员退出了游泳运动。长期默默忍受疼痛会造成慢性疼痛，导致身体组织受到更大的伤害。长期面对疼痛，游泳运动员的心理也会产生变化。

▶ 错误的游泳动作

长期的游泳训练中，很多人因不正确的游泳动作而肩膀疼痛。在纠正动作后，有效避免了这种情况。所以不能认为游泳就会造成肩部疼痛或损伤，一旦肩部出现不适，要立即检查是否存在错误的游泳动作。

● 没有转肩或转肩的幅度不够

对自由泳和仰泳来说，没有转肩就没有划水，转肩的幅度不够，在移臂时就会很僵硬。长时间如此，肩部就会开始出现疼痛，从而造成损伤。所以灵活地转肩不仅可以让动作更标准，还能保护肩关节。

● 拇指先入水

拇指先入水、手掌直立、掌心朝外是常见的造成游泳肩的错误动作。肩部过度内旋会对关节造成很大压力，经常重复错误动作就会导致肩部的损伤。

● 入水后手臂发力下压

很多人在手臂入水后习惯直臂下压而不是前伸，而直臂下压的发力点应在肩部而不是手臂，这很容易导致游泳肩。

● 直臂划水

初学者在不了解动作技术时喜欢用直臂划水，每次划水的过程中，肩部也随之用力，这使肩部受力过大，从而出现疼痛。在划水时应先找到手臂发力的感觉，再使用躯干力量协调发力。

▶ 造成肩部压力的因素小结

游泳者的生理特征、训练计划和游泳技术都是造成肩部压力的因素。如果游泳者身体力量不足或训练强度过大，就会造成肩部疼痛。游泳的技术不科学也是造成肩部疼痛的重要因素，技术不科学会增大对肩部的压力，给身体组织带来过大的负担。

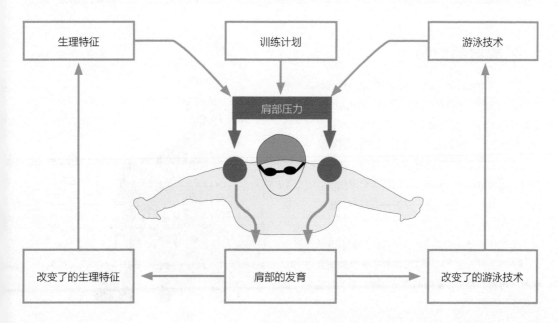

肩部损伤的预防与康复策略

肩部在游泳运动中是重要的力量枢纽，通过手臂移动产生的力量需要肩部进行调节，所以肩部出现问题就会直接影响训练，如果发生肩部损伤，就需要采用康复措施。

▶ 降低负荷

可以通过多种方式来降低肩部的负荷，用降低训练量和训练强度的方式来减小实际运用的负荷是很有效的。改进技术以消减对肩部的压力也同样可行。增强受伤部位周围承受大负荷的结构与组织的力量与灵活性，也有助于减小肩部承受的负荷。

▶ 了解肩部结构

许多游泳运动员在肩部损伤时感觉整个肩部都很疼痛，但大部分的肩部损伤都是肩袖后部肌肉组织的损伤，主要是冈下肌和小圆肌的损伤。这两块肌肉会在抓水阶段迅速伸长，久而久之，就会造成损伤。这些肌肉的损伤会直接在肩部后方引起疼痛，严重时，还会引起手臂外侧三角肌附近的部位疼痛，以及手臂前侧靠近肱二头肌肌腱附着处的部位疼痛。这种疼痛具有发散性，常常会使游泳运动员感到不适。

降低组织受到的负荷，是缓解和预防游泳运动员肩部损伤的主要方法。但训练负荷并不是影响康复与预防的唯一因素。为了缓解肩部损伤，有必要了解相关肩部结构。

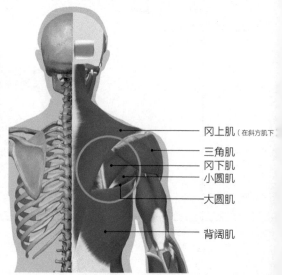

冈上肌（在斜方肌下）
三角肌
冈下肌
小圆肌
大圆肌
背阔肌

▶ 团队合作进行干预

帮助肩部损伤的游泳运动员进行康复训练时，团队合作进行干预是必要的。一支由游泳教练、生物力学专家、体能康复专家，以及运动心理学专家组成的复合型保障团队，可以安全有效地促进肩部损伤的游泳运动员康复并降低其再次受伤的概率，来自这几个领域的人士应清楚游泳运动员的整体情况并能团结一致、展开沟通。

游泳运动员在疼痛初次出现时就要告知相关人员，并向医疗系统求助。

生物力学专家利用泳姿分析法确认潜在的技术问题。

理疗师和医务人员会进行技术指导。

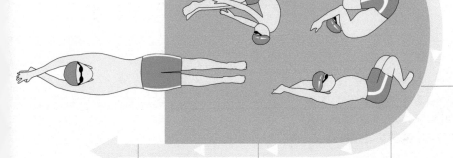

游泳运动员从损伤中恢复，从而降低了出现慢性损伤的概率。

对游泳运动员的动作分析和训练要求有了新的认识。

团队共同努力，帮助游泳运动员获得更好的康复成果。

游泳教练实施根据游泳运动员专项训练要求制订的周期训练计划。

游泳教练与体能康复专家合作实施损伤预防计划。

▶ 预防肩部损伤要考虑的因素小结

预防肩部损伤要考虑的因素与康复要考虑的因素相似。以肩部为例，很多游泳运动员的肩袖后部会承受很大的压力，这是因为在划水的抓水阶段，小臂早早竖起时，肩关节内旋。

过早竖起小臂而内旋肩关节，会增加肩袖后部的压力，使肩部和手臂出现疼痛。

6.2 下腰背损伤与康复

为什么游泳时下腰背会出现疼痛

下腰背是游泳运动中第二常见的受伤部位，仅次于肩部。很多优秀的游泳运动员都有或轻或重的腰椎间盘退行性改变。

▶ 下腰背疼痛的起因

了解下腰背疼痛的起因对于消除下腰背的疼痛及预防复发是很重要的，下腰背疼痛常常被认为是不可治愈和预测的病症。但是，如果确定了疼痛的原因，是可以去除疼痛刺激并消除症状的。下腰背的肌肉会积极主动地维持脊柱的竖直状态，在泳池中则会维持身体的流线型姿势。这些肌肉在脊柱伸展时会收缩，在脊柱过度后弯时会受到过大的负荷。

✦ 小提示

椎间盘位于椎骨之间，具有分散压力的作用。脊柱的弯曲与扭曲会对椎间盘造成较大的压力，容易出现错位。脊柱带动腰部弯曲时，会使椎间盘的前部受到压迫，这种挤压可能会使腰椎间盘突出。

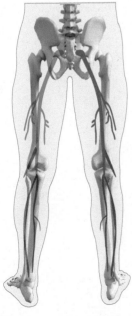

▶ 坐骨神经

坐骨神经是人体最长、最粗大的神经，也是脊神经中骶丛的主要神经。坐骨神经由腰神经和骶神经组成，是位于腰椎与骶骨之间的脊神经，经过臀部直到大腿后部。它的总干经梨状肌下孔出骨盆，终支在整个下肢背侧延伸，分支位于大腿后侧肌群。坐骨神经是小腿和足部的重要感觉神经，也是股后肌群、小腿肌群和足部肌群的运动神经。

压力过大可能会刺激坐骨神经，这种情况主要发生在脊柱弯曲时，会产生由下背部向下延伸至腿部的疼痛。腰椎间盘突出是坐骨神经疼痛的主要原因之一。这是髓核压迫和过度牵伸脊神经根导致的。神经根被髓核机械性压迫时，容易发生损伤。由于神经外膜组织不发达，不具有弹性缓冲的作用，神经根损伤后就会产生放射性的疼痛。

▶ 常见的游泳技术错误

对于游泳时经常出现下腰背疼痛的运动员来说，游泳的技术是可以改进。常见的使下腰背承受压力的技术错误如下。

"爬坡"游泳

挺着胸部游泳是常见的错误，这会对下腰背形成压力。

蝶泳时抬起胸部

蝶泳时，如果胸腔上抬过高，并朝前伸展着进行呼吸，会增大下腰背肌肉受伤的风险。

自由泳时朝前伸展着呼吸

抬头并朝前伸展着进行呼吸，这会使下腰背承受的压力增大。

蛙泳时伸展下腰背

蛙泳抬头呼吸时，如果髋部始终位于下方，下腰背拱起，会造成较大的压力。

蝶泳中打腿时身体起伏过度

身体起伏过大的话会降低游进速度，还会对下背部造成压力。

屈背转身

如果在转身时感到下背部疼痛，可以采用屈髋而不屈背的转身，从而降低腰背受到的压力。

下腰背损伤的预防与康复策略

下腰背是核心的关键区域，如果下腰背出现疼痛，不及时采取康复措施，损伤将会随着时间的推移加重，时间越长，对身体的伤害就越大。

▶ 活跃核心肌肉

游泳运动员在训练时，腰椎间盘和核心肌肉都会受到很大的压力，这些压力来自各种屈身和扭腰动作。为了防止核心肌肉组织因负荷过大而受伤，游泳运动员应改善核心部位、髋部和全身肌肉的协调性，要让身体在水中始终处于低位，而不要挺着胸游泳。增强核心肌肉、臀肌及其周围身体结构的力量、稳定性与活动能力，都有助于预防下腰背受伤，对减小下腰背受到的压力也是很关键的。

对于下腰背损伤的预防和康复而言，撑起膈、腹部、骨盆底以及下腰背的肌肉非常重要。熟悉如何撑起并活跃核心肌肉，同时加以练习，是必不可少的。因为与其他腹部活动相比，这样做会极大地增强脊柱的稳定性。

▶ 核心练习

脊柱各个平面上的耐力对于下腰背疼痛的预防与康复而言非常重要。对侧上举、臀桥和侧桥动作能够增强核心肌群的稳定性与耐力，会让脊柱在运动中保持稳定姿态，有助于增强在游泳中的动作控制能力。

对侧上举
双手双膝着地，将臀肌收紧，撑起腹部，核心肌群绷紧。交替伸展对侧的手臂和腿，保持背部平直。

对侧上举

臀桥

仰卧姿势，双脚分开，与肩同宽，双腿屈膝，脚跟发力将髋部向上顶起，形成臀桥。注意不要弓背。

臀桥

21 岁游泳运动员平均耐受时长 / 秒		
练习	男性	女性
躯干伸展	161	185
躯干屈曲	136	134
右侧桥	95	75
左侧桥	99	78

侧桥

侧卧姿势，以一侧手肘撑地，使身体从头到脚成一条直线。保持该姿势 30~45 秒，换对侧重复动作。

侧桥

为什么游泳时膝部和髋部会出现疼痛

每一种泳姿都会使身体形成特定的压力源。其他泳姿中，手臂是主要的推进力来源，而蛙泳中主要的推进力来源是双腿，所以其会对膝部和髋部产生压力，久而久之引发疼痛。

▶ 蛙泳中的屈膝

蛙泳的打腿动作与其他泳姿的打腿动作不同，要求的屈膝程度很大，约130度，同时还要求髋部最大限度地内旋，约40度。髋部在膝部弯曲的同时内旋，会使双脚在身体中线两侧打开，接着髋部内收的动作，又会在内踢时将双脚并在一起。

髋部的运动会带动股骨在髋臼内转动，使该关节的内层（即关节唇）受到压力。不仅如此，其还会对髋前多处肌肉的肌腱，尤其是髋屈肌的肌腱造成压力，会使臀肌和阔筋膜张肌受到不小的压力，也会使髋关节周围用于保持稳定的韧带承受着非常大的压力。

膝部内侧的组织结构在蛙泳打腿动作的作用下会被拉长。研究发现，在36名蛙泳专项运动员中，膝部至少疼痛过一次的人占86%，膝部经常疼痛的人占47.2%。膝部内侧部位是游泳运动员经常出现疼痛的部位，膝关节周围的关节囊和内侧半月板（股骨与胫骨之间的一种缓冲垫状结构），也会在蛙泳时承受不小的压力。

不只是蛙泳，在使用其他泳姿时髋部或膝部也可能会疼痛。例如，打水时用力过度或使用海豚式打腿，特别是在使用浮板的时候，髋屈肌会承受压力，导致损伤。膝关节，特别是髌骨肌腱，在打水或海豚式打腿时也会承受压力。

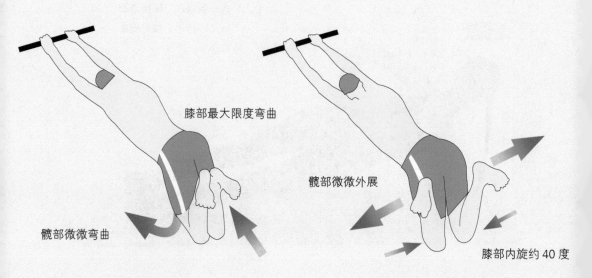

膝部最大限度弯曲

髋部微微外展

髋部微微弯曲

膝部内旋约40度

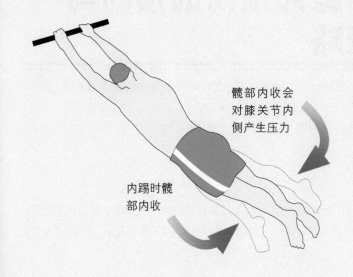

髋部内收会
对膝关节内
侧产生压力

内踢时髋
部内收

蛙泳要求双腿大幅度屈膝，同时髋部也要最大限度内旋。蛙泳打腿时双腿呈鞭状，髋部内收。这会对膝关节的内侧副韧带产生很大的压力，导致该部位疼痛。

▶ 开腿更窄的内踢动作

多年以来，蛙泳技术在不断演化，很多蛙泳运动员采用一种开腿更窄且速度更快的蹬腿方式。这种方式使髋部受到的压力较小，但对膝部造成的压力变化并不大。

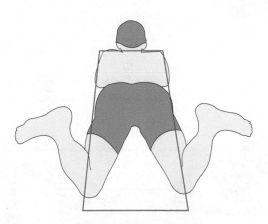

膝部打开的距离比肩更宽

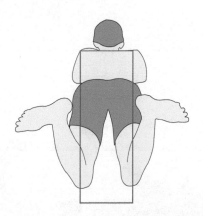

膝部打开的距离与肩同宽

髋部和膝部损伤的预防与康复策略

在游泳运动中，运动员髋部疼痛一般是由于反复屈髋后髋屈肌腱病变，或过度使用内收肌后关节唇拉伤而产生的。我们要通过减小髋部和膝部的压力，促进损伤康复和预防损伤。

▶ 改进技术

改进技术可以最大限度地降低对髋屈肌、关节唇和内收肌的压力。在自由泳时使用屈髋幅度更小的打腿动作，可以降低髋屈肌肌腱炎发生的概率。蛙泳时使用窄蹬腿，可以减小对关节唇和内收肌的压力，从而减轻疼痛与预防损伤。

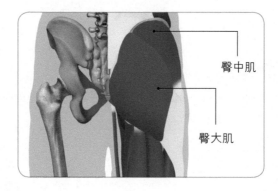

臀中肌

臀大肌

侧躺髋部伸展

髋部蛙式练习

弓步

▶ 加强臀肌力量

臀部力量的增强可以减少身体结构受到的压力，因为臀肌具有足够与髋屈肌和内收肌相对抗的肌肉力量，可以更好地控制关节的运动。

对于游泳运动员预防髋部和膝部损伤来说，加强臀肌力量是重要的举措。很多游泳运动员的臀肌力量不够。游泳中主要的腿部动作就是髋部屈曲和内旋，如果臀肌不够发达，其就会受到影响。所以游泳运动员需要不断增强力量，在这个过程中，游泳运动员不是只要开展运动就可以了，而是要专注于臀部的活动。衡量、比较臀大肌和臀中肌在不同运动中的活动程度，以了解哪些运动可以有效地调动这些肌肉。研究发现，适合臀中肌的运动是侧躺髋部伸展，而单腿深蹲和单腿硬拉是能让臀大肌最大限度活动起来的运动。

利用泡沫轴按摩臀部，
改善髋部的柔韧性

单脚跳　　　　　单腿深蹲　　　　　　　单腿硬拉　　　　　迷你带侧向走

185

作者简介

何海滨

　　1973 年 9 月出生。1980 年开始练习游泳，在河北省保定市游泳队师从杨宣教练。1987 年被引进到山东省青岛市游泳队。1988 年进入山东省游泳队师从孙景发教练。1993 年退役后从事基层教学工作。2002 年调入青岛市体育运动学校任教练。2014 年进入国家游泳队王爱民教练组任助教。2018 年兼任国家游泳队干事。2020 年因新冠肺炎疫情回到山东省游泳队任教练。

　　在青岛任教练期间，曾培养出全运会冠军张丰林，东亚运动会冠军、亚运会亚军王群，奥运选手邓健和全运会季军谢家乐等优秀的游泳运动员。在国家队任教期间，配合王爱民教练为奥运冠军杨浚瑄提供训练服务。2015 年曾获国家精英双百教练员称号。

在线视频观看说明

为了帮助读者更好地学习和训练，本书提供了部分技术动作的演示视频，具体可通过以下步骤在线观看。

步骤1

点击微信功能菜单上的"扫一扫"（图1），扫描页面上的二维码。

步骤2

如果您未关注微信公众号"人邮体育"，扫描后会出现"人邮体育"的二维码。根据提示关注"人邮体育"，并点击"资源详情"（图2），即可进入视频观看页面（图3）。如果您已关注微信公众号"人邮体育"，扫描后可直接进入视频观看页面。

图1

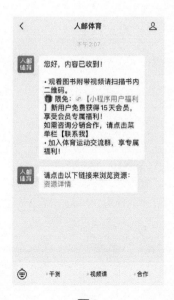

图2

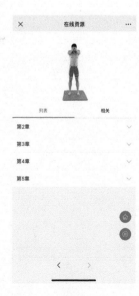

图3